发现·支持儿童学习

幼儿园绿色课程
活动案例

刘婉芬　白茹　李婷婷／编著

西安出版社

图书在版编目（CIP）数据

发现·支持儿童学习：幼儿园绿色课程活动案例 / 刘婉芬，白茹，李婷婷编著.— 西安：西安出版社，2023.10

ISBN 978-7-5541-7140-0

Ⅰ.①发… Ⅱ.①刘… ②白… ③李… Ⅲ.①活动课程—教案（教育）—学前教育 Ⅳ.①G613.7

中国国家版本馆CIP数据核字（2023）第198481号

发现·支持儿童学习：幼儿园绿色课程活动案例
FAXIAN ZHICHI ERTONG XUEXI YOU'ERYUAN LÙSE KECHENG HUODONG ANLI

出版发行：	西安出版社
社　　址：	西安市曲江新区雁南五路 1868 号影视演艺大厦 11 层
电　　话：	（029）85264440
邮政编码：	710061
印　　刷：	北京政采印刷服务有限公司
开　　本：	787mm×1092mm　1 / 16
印　　张：	17
字　　数：	284千字
版　　次：	2023 年 10 月第 1 版
印　　次：	2023 年 12 月第 1 次
书　　号：	ISBN 978-7-5541-7140-0
定　　价：	68.00 元

目录

绪　　论

清远市实验幼儿园绿色课程方案

一、课程建设的背景与理论依据

（一）课程建设的背景

"绿色"是生命的颜色，是自然的象征，是健康、和谐的代名词，使人联想到生机、活力、阳光、温暖……生命因阳光而美丽，阳光因绿色而灿烂，绿色因教育而生机。绿色发展和可持续发展是当今世界的时代潮流，绿色教育已成为新时代的素质教育观，其内涵日益丰富，从最早旨在培养学生的环境意识和行为的环境教育逐步拓宽至可持续发展与全面发展的教育思想。然而，我们清晰地看到，当前学前教育事业中幼儿园绿色教育的缺失，如家长育儿焦虑加剧；一些幼儿园违背幼儿身心发展规律和认知特点，提前教授小学内容、强化知识技能训练，"小学化"倾向依然严重；忽视幼儿自然成长的"特色课程"大行其道，对"培养什么样的人"不清晰等。我们在确立"创新型绿色幼儿园"的发展定位以及"尚自然，展个性；健体魄，显聪慧"的培养目标后，基于本园"环境育人育自然人"的办园理念和园所"清润"文化，以绿色教育思想为引领，利用得天独厚的绿色课程资源，构建绿色课程，并进行实践研究。绿色课程倡导人与人、人与自然、人与社会的和谐统一，依托自然环境和社会环境生成课程内容，具有时代性和可持续性、灵活性和自主性，为幼儿的可持续发展提供可能性。

（二）课程建设的理论依据

1. 中国的可持续发展理论

"十三五"发展规划关于绿色发展理念中的可持续发展理论提出了关于人与自然、人与人、人与社会关系的理论准则，为绿色教育提供了新的理论基础，促使人们对绿色教育的认识从环境意识转向可持续发展观念，其对绿色课程的理论支撑在于幼儿是未来世界的主人，他们对待自然环境的态度与方式决定人类社会可持续发展能否实现。绿色课程的建构既要培养幼儿的环境意识，立足于现实可持续发展的战略目标，又要立足于幼儿自身的可持续发展和终身发展。

2. 陈鹤琴的"活教育"理论

陈鹤琴明确提出"大自然、大社会都是活教材"的观点，提倡课程内容来自自然和社会，也就是来自儿童真实的生活；认为"做"是教学原则，提出"做中学、做中教、做中求进步"的方法。

3. 卢梭的自然教育理论

卢梭倡导自然教育思想，强调教育要顺其自然，要根据儿童的发展阶段实施教育，顺应儿童的本性，让他们的身心自由发展；主张培养自然人，使儿童回归自然。

二、课程理念

（一）核心理念

绿色自然，快乐自主。

（二）理念释义

绿色课程是一种可持续发展的、健康的、自然的课程。"绿色自然，快乐自主"既是内容也是方法，更是价值取向和目标追求，渗透于课程目标、内容、实施与评价，旨在培养身心和谐、快乐自主的幼儿，让幼儿富有强烈的主动发展意识和持续发展能力，进而焕发幼儿与教师的生命活力，实现儿童自我的可持续发展。

三、课程目标体系

根据课程开发的相关原理，结合国家相关教育政策和学前教育的指导性纲要条例，基于本园的教育目标和培养目标，拟定课程目标系统。

（一）目标体系

为更好地诠释绿色课程的价值与追求，融入"绿色自然，快乐自主"的课程理念，构建不同层次的课程目标，形成课程目标体系，包含以下层次：课程愿景、课程总目标、幼儿发展目标、主题目标、具体活动目标。其中，课程愿景、课程总目标、幼儿发展目标属于幼儿园顶层设计，由课程管理小组负责；主题目标、具体活动目标则是在以上三个上位目标的指导下根据具体活动设计，由教师负责。绿色课程目标体系见下图。

（二）目标内容

1. 课程愿景

幼儿园绿色课程旨在创设绿色自然，清新优雅的自然环境与和谐的文化氛围，顺应幼儿天性，尊重幼儿自然成长的规律，以自然资源设计相应的课程，鼓励幼儿积极主动地探究身边的环境，建构新经验。在课程的影响下，幼儿能养成良好的绿色生活习惯，成为从小具有环境意识的新一代。

2. 课程总目标

依据《幼儿园教育指导纲要》和《3～6岁儿童学习与发展指南》的要求，结合绿色教育理念与幼儿园实际，从树立环境意识与可持续发展的角度制定课程总目标与"知识、能力、情感"三个维度的目标内容。

课程总目标：以绿色教育思想为指引，贯彻《3～6岁儿童学习与发展指南》精神，以生活化的体验式主题探究活动，培养"尚自然，展个性；健体魄，显聪慧"的幼儿，让幼儿懂得人与自然、人与社会的相互依存关系，幼儿能快乐自主地探索、建构知识，养成绿色健康的生活习惯，形成优秀的道德品质，为幼儿的后继学习和终身发展奠定良好的素质基础。

绿色课程三维目标内容见下表。

维度	目标内容
认知目标	1.初步了解粗浅的自然环境知识、自然环境中的各种因素及其相互影响，人与自然、人与社会、人与人之间的关系，人类生存对环境的依赖性。 2.了解资源、能源、污染和垃圾分类等，能关注环境保护问题，理解环境保护的重要性。 3.获得关于动植物的生命、人类与环境、动植物与环境的关系以及可持续发展等方面的基本知识
能力目标	1.具备一定的环境适应能力，能适应自然环境与社会环境的变化，积极参与各项绿色健康活动，形成环境保护的行为习惯。 2.在践行绿色生活的活动中养成良好的绿色生活习惯；具备与环境和谐相处的能力，关爱自然，保护环境，具备与同伴友好相处的能力，懂合作会分享。 3.具有细致的观察能力和对自然环境自主探究的能力，形成对自然的好奇心和求知欲。 4.形成发现、欣赏、表现自然环境美的能力
情感目标	1.萌发热爱自然、保护自然、珍惜生命、珍视生态环境的积极情感，形成保护环境的良好意愿和绿色生活态度。 2.在活动中获得丰富的情感体验，形成对周边自然环境和社会环境的感性认识，产生敬畏之情。 3.懂得关爱他人，扶助弱小，奉献爱心。 4.对所处的群体、环境有亲切感和归属感

四、课程内容

（一）内容选定原则

1. 生活性与地域性原则

课程内容以贴近幼儿生活为基础，充分利用所在区域的自然和人文环境生成课程内容，并渗透于幼儿的每天生活中。

2. 自主性与灵活性原则

课程内容构建尊重幼儿的兴趣和已有经验，预设与生成相结合，追随幼儿发展需要的步伐，教师可以灵活调整内容架构。

3. 适宜性与时代性原则

课程内容构建根据《3～6岁儿童学习与发展指南》各年龄段幼儿的发展目标而设计，符合幼儿身心发展特点与自然成长规律，与绿色教育理念相符，注重幼儿身体力行绿色生活，树立环境意识，促进幼儿健康和谐、可持续发展。

4. "家—园—社"资源协同原则

课程内容构建充分利用家庭、幼儿园及社区的绿色教育资源，不断开发，形成强大的课程资源网，确保课程内容的丰富性及绿色教育的实效性。

（二）课程内容框架

绿色课程主要包括生态自然、和谐社会、绿色生活三个板块的基本内容，绿色课程框架如下所示。

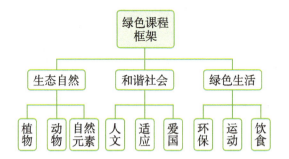

（三）课程内容的选择

绿色课程内容体现课程理念"绿色自然，快乐自主"，顺应儿童天性，尊重个性，发展社会性，并可根据园所的地域环境来选择或开发适宜幼儿发展需要的课程内容。绿色课程具体内容见下表。

课程名称	板块	具体内容
绿色课程	生态自然	植物：花、草、树、蔬菜、水果、农作物等
		动物：鸟类、乌龟、鱼类、家禽、昆虫等
		自然元素：水、沙、泥土、风、雨、颜色等
	和谐社会	人文：北江文化、粤剧、地区传统习俗文化、公园、桥梁、博物馆等
		适应：幼儿园、幼小衔接、文明城市创建、时事热点等
		爱国：民族、汉字、爱党爱国、传统节日等
	绿色生活	环保：环保节日、垃圾分类、纸、瓶瓶罐罐、袋子、环保车、绿色出行等
		运动：运动器械、运动会、绿色健行等
		饮食：健康食品、餐桌礼仪、光盘行动等

五、课程组织与实施

绿色课程在实施过程中以幼儿已有经验为基础，尊重幼儿的兴趣与需要，创设情景支持幼儿，以推动和"扶持"的方式指导幼儿学习，适时地与幼儿共同探究，平等对话，给幼儿有效的回应，让幼儿获得自信与成功。

（一）课程实施的原则

1. 绿色环保

强调课程活动设计和开展过程的创意、环境、过程、结果都是绿色自然，注重环境意识的渗透。

2. 激发兴趣

强调课程实施要通过多种形式、多种手段，激发幼儿学习探究、自主游戏、参加各项绿色健康活动的兴趣。

3. 尊重支持

强调教师在课程实施过程中做到尊重幼儿自然成长的规律，尊重并回应幼儿的想法与问题，运用开放性提问、推测、讨论等方式，支持幼儿学习。

4. 快乐自主

强调给予教师在主题选择、活动设计、实施过程等环节有充分的自主性，幼儿在参与课程活动中可以自主选择内容和方式，在游戏活动中能自由选择区域、自主制定游戏规则、自主选择游戏材料，教师与幼儿在课程实施过程中均获得身心愉悦。

5. 整体发展

强调幼儿的发展是一个整体，注重课程各领域、目标之间的相互渗透与整合，促进幼儿身心全面和谐发展。

（二）幼儿学习方式

在课程实施过程中，教师要把体验式和探究式作为幼儿的主要学习方式，要最大限度地满足幼儿通过直接感知、实际操作和亲身体验获取经验的需要，引导幼儿在探究过程中善于发现问题、尝试解决问题。学习方式分类见下图。

（三）课程实施路径

绿色课程实施主要通过潜课程和显课程的形式进行，潜课程包括环境熏陶、生活活动与师幼互动；显课程包括主题活动、自主游戏、特色活动。绿色课程实施路径见下图。

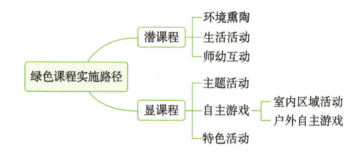

1. 潜课程

潜课程是通过潜移默化的方式影响幼儿发展途径。

（1）环境熏陶。环境是潜移默化的课程资源，包括物质环境和精神环境。幼儿园环境创设尽量做到生态自然，材料循环利用，教师要充分利用园内的每一处环境，生成课程内容，成为幼儿课程探究与游戏的有效支持，注重让幼儿直接感知环境，注重幼儿与环境的互动。幼儿园营造积极和谐的文化氛围和人际关系，为幼儿提供一个健康的心理环境。

（2）生活活动。幼儿园一日活动皆课程，生活活动蕴含着丰富的教育契机和教育价值，教师要科学安排幼儿一日活动，给予幼儿充分的自主，共同制定绿色生活约定，在生活中的每个环节培养节约能源等文明健康生活方式。

（3）师幼互动。积极良好的师幼互动，有助于幼儿获得情感适应、行为发展及和谐的人际关系。在一日生活环节与课程实施过程中，教师学会蹲下来与幼儿平视，耐心倾听幼儿的想法，尊重回应，平等对话，支持、引导幼儿，共同成长。

2. 显课程

与潜课程相对应，显课程是为实现一定的教育目标、有计划的课程。

（1）主题活动。主题探究活动是课程实施的主要形式，每学期两个主题，由班级教师结合幼儿年龄特点、已有经验、兴趣需要预设主题活动内容，在实施过程中不断推进主题探究，建构幼儿对周围世界的新经验，提高他们发现问题、解决问题的能力。

主题内容建构路径见下图。

主题活动实施指引见下图。

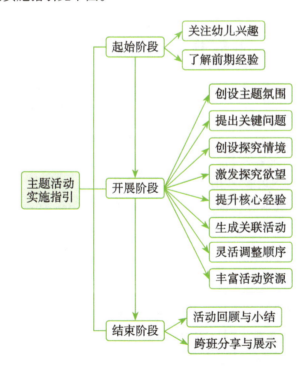

（2）自主游戏。自主游戏包括室内区域活动和户外自主游戏，室内区域活动与主题内容相结合，投放相应的操作材料，让幼儿自主体验与操作；户外自

主游戏以班级区域或全园混龄的形式开展，由幼儿自主选择区域、自主选择游戏同伴、自主制定游戏规则、自主选择游戏材料、共同讨论区域材料的增减、独立或合作收拾整理游戏材料。

（3）特色活动。特色活动是对课程的延伸，以多元化的绿色健康活动为载体，践行绿色教育理念。特色活动实施指引见下图。

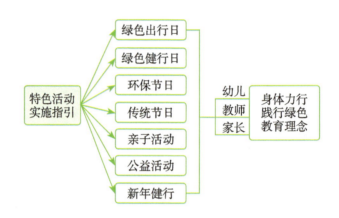

（四）幼儿一日活动时间安排

时间	小班一日活动内容	时间	中班一日活动内容	时间	大班一日活动内容
07：40—08：15	入园、晨检体能锻炼、早操	07：40—08：20	入园、晨检体能锻炼、早操	07：40—08：20	入园、晨检体能锻炼、早操
08：15—09：05	盥洗、早餐晨谈（主题内容）	08：20—09：00	盥洗、早餐晨谈（主题内容）	08：20—09：00	盥洗、早餐晨谈（主题内容）
09：05—10：00	主题区域活动水果餐	09：00—10：00	主题区域活动水果餐	09：00—10：00	主题区域活动水果餐
10：00—11：00	户外自主游戏	10：00—11：00	户外自主游戏	10：00—11：00	户外自主游戏
11：00—11：20	学习活动（集体或小组学习）	11：00—11：25	学习活动（集体或小组学习）	11：00—11：30	学习活动（集体或小组学习）
11：20—12：10	盥洗、午餐餐后活动	11：25—12：20	盥洗、午餐餐后活动	11：30—12：20	盥洗、午餐餐后活动
12：10—14：30	午检、午睡	12：20—14：30	午检、午睡	12：20—14：30	午检、午睡

续 表

时间	小班一日活动内容	时间	中班一日活动内容	时间	大班一日活动内容
14：30—15：00	起床、盥洗、午点	14：30—15：00	起床、盥洗、午点	14：30—15：00	起床、盥洗、午点
15：00—15：20	主题学习活动	15：00—15：30	主题学习活动	15：00—15：35	主题学习活动
15：20—16：00	户外体育技能与游戏	15：30—16：15	户外体育技能与游戏	15：35—16：25	户外体育技能与游戏
16：00—16：20	盥洗、离园准备	16：15—16：30	盥洗、离园准备	16：25—16：40	盥洗、离园准备
16：20—18：00	幼儿离园（16：45-18：00为托管时间）	16：30—18：00	幼儿离园（16：45-18：00为托管时间）	16：40—18：00	幼儿离园（16：45-18：00为托管时间）

六、课程评价

绿色课程评价的目的在于改进课程和教育教学活动，使课程得以完善，为幼儿发展、教师发展和课程发展服务，具有可持续发展性。

（一）评价的主体

绿色课程采取多元化的评价观，多主体、多角度对课程进行评价。

1. 专家作为评价的主体

专家通过线上或现场分析课程设计、观察课程活动，提出对当前课程的意见和建议，实现对课程的完善。

2. 教师作为评价的主体

通过公开活动的自评、他评、主体分享等形式，形成反思的习惯。

3. 幼儿作为评价的主体

通过活动结束后与幼儿的谈话、作品来评价活动，检验是否真正以幼儿为主体。

4. 家长作为评价的主体

通过课程实施各阶段的问卷调查、亲子活动、开放日、主题小结等活动，使家长成为课程评价的主体。

（二）评价内容

绿色课程的评价内容包括以下两个方面。

1. 对活动设计及活动实施过程的评价

课程设计中的评价体现在课程设计过程中，对教师是否考虑到幼儿的发展水平、活动环节安排是否得当，以及活动设计是否有价值等的评价；对课程实施的评价包括课程实施过程中，教师组织的活动是否吸引、激发幼儿的兴趣，幼儿是否主动参与、师幼互动情况，以及教师对幼儿的引导等的评价。

2. 对教师和幼儿的评价

基于绿色教育理念，对教师和幼儿的评价应该更多地关注活动过程中师幼互动的情况，教师对幼儿的观察、理解、支持的情况，教师对幼儿的主动性参与、幼儿的创造力表现、幼儿自身能力发展情况等方面的评价。

（三）评价的方式

1. 课程发展评价

主题审议、活动设计检查、听课评课、主题案例分享、课程故事、专家诊断。

2. 教师成长评价

观摩活动、比赛活动、展示活动、经验总结。

3. 幼儿发展评价

观察评价量表、学习故事、表达表征、观察记录。

第一篇

绿色课程

主题活动案例

鱼儿游游（小班）

【主题由来】

春天带着希望的气息向我们走来。春风吹绿了大地，春风吹醒了鱼儿，春风吹动了孩子们的探究热情。"哇，有鱼！"水里的大鱼小鱼吸引着孩子们惊叹向往的目光，他们似乎对鱼池的鱼儿很感兴趣。

《3～6岁儿童学习与发展指南》科学领域中指出，3～4岁幼儿对周围的事物感兴趣，教师应满足幼儿的探究欲望。孩子与动物有着天然之缘，他们喜欢与动物为伍，与其对话。幸运的是，一群神秘有趣的鱼儿正在清远市实验幼儿园的鱼池里畅游着，这为满足孩子对小鱼的兴趣和好奇，提供一个良好的教育契机，结合我园"绿色自然，快乐自主"的教育理念，教师和孩子一起设计以"鱼儿游游"为主题的探索活动。

【主题目标】

通过"幼儿园的鱼""鱼儿的种类"以及"北江的鱼"等系列活动，以观察、实践、美术手工制作和音乐游戏等多种形式去探究鱼的外形特征、生活习性，初步了解鱼儿的生活与自然环境的密切关系，萌发孩子爱护小动物、保护环境的意识。

【实施过程】

（一）活动起始阶段

教师拟定《鱼儿游游》主题活动调查表，了解孩子对相关主题是否感兴趣。并查阅相关资料，寻求如何开展主题活动促进孩子的发展。

孩子和家长周末到水族馆、社区鱼池、酒店鱼池、北江等地方观察、欣赏各种各样的鱼，丰富认知经验。

（二）活动开展阶段

这一阶段教师与孩子们对欣赏鱼儿的过程进行讨论，通过回忆、表达，分享其与主题相关的已有经验，教师捕捉孩子们共同关心的内容或认知冲突点，与孩子们一起明晰想要探讨的问题——"鱼的外形特征"，同时与家长沟通，吸引家长以自己的方式参与主题活动。

1. 墨龙晴

教师带领孩子们来到鱼池边，孩子们纷纷讲述有关他们在观赏鱼儿时的发现。

班里一个名叫棉田的小男孩，讲述了他观察鱼儿时的发现："我看见一条很奇怪的鱼，三条尾巴，黑色的鱼。"孩子们纷纷提问："这是什么鱼呢？"

教师没有直接给出答案，在班群里发信息让孩子和爸爸妈妈一起查阅有关这条鱼儿的资料。第二天晨谈，教师请孩子们分享自己对"墨龙晴"的了解。

随后到鱼池边再观察"墨龙晴"。但是由于大雨过后，鱼池里的水变得浑浊不清。

可可回园时急急忙忙地告诉教师："鱼池太多树叶了，水脏兮兮的，有一条墨龙睛死了！"

孩子观察到鱼池里漂浮着的树叶和垃圾。

于是我们开展了关于"墨龙睛死了"的团讨活动，教师把这些问题记下来，并把它们贴在教室里。这些问题有：墨龙睛为什么会死？鱼池脏了，鱼儿就会死吗？如何清理鱼池的垃圾？鱼儿饿死了吗？鱼儿吃什么呢？可以呼叫医生抢救鱼儿吗？鱼儿死了怎么办呢？怎样保护鱼儿？……

2. 打扫鱼池

为了给鱼儿一个干净的生长环境，培养孩子的劳动意识，锻炼孩子的动手能力，清理鱼池的活动开始了！

本次活动让孩子探索如何使用劳动工具，不断地发现清洗过程中出现的问题并尝试解决问题，从而在清洗鱼池的过程中体会劳动的喜悦。

3. 鱼儿吃什么

清理鱼池后，孩子们都兴高采烈地聚在一起观赏，他们发现鱼儿喜欢张大嘴巴。悠悠小朋友说："鱼儿应该饿了，我们应该给它吃什么呢？"

"快来看，鱼儿饿了！"

"园长妈妈，鱼儿像我们一样吃米饭吗？"

孩子们提出了他们的看法，认为鱼儿吃什么，用图画的方式表达出来。

心妍：鱼儿吃面包。

悠悠：大鱼会吃小鱼的。

孩子们心中的"答案"。

教师带领孩子一起去证实他们的想法……

教师在活动室摆放一个鱼缸，让孩子每天都投放一些食物去验证鱼儿吃什么。

第一天，孩子投放了面包。鱼儿很快就把面包吃完了。

第二天，孩子投放了鱼粮。鱼儿抢着把鱼粮吃完了。

第三天，孩子放了树叶。鱼儿不理不睬。

......

投放了鸡翅膀。鱼儿不但不吃，还奄奄一息，翻起了肚皮。由此，孩子们获得了鱼儿忌油的知识经验。

4. 抢救鱼儿

小朋友纷纷表示："鱼儿快要死了！我们快救救它吧！"

于是，我们进行了抢救鱼儿行动。

行动一：我们给鱼儿包扎吧！

证实：包扎不能救活鱼儿。

行动二：我们给鱼儿喂药吧！

证实：喂药不能救活鱼儿。

行动三：我们给鱼儿供养吧！

证实：供氧不能救活死去的鱼儿。

行动四：我们去找医生帮忙。

医生给孩子们科普了抢救鱼儿的知识：打开鱼嘴，用流动水流冲进鱼的口腔，用水流的力量冲开鱼鳃。

《3～6岁儿童学习与发展指南》指出，幼儿的科学学习是在探究具体事物和解决实际问题中发展起来的。教师支持孩子积极动手动脑，大胆猜测抢救鱼儿的各种办法，同时，创设自由、宽松的语言交流环境，让幼儿想说、敢说、喜欢说并设法让孩子去验证。

一条鱼儿死了，但对于小七班的孩子来说这是一条一直陪伴我们四十多天的好朋友离开了。教师因势利导给孩子带来一节关于生命的课程，让他们知道生命的意义，学习珍惜生命。

卉妍：鱼儿是我们的好朋友，它和我们一样是有生命的。

俊俊：爱鱼儿就是爱我们自己。

心妍：我们要珍惜、保护动物，不能伤害它们。

子逸：如果有人伤害鱼儿，我们要告诉保安叔叔。

梓涵：鱼儿好可怜，不要把它扔进垃圾桶。

安安：我们将它埋葬吧！

随后，教师带领孩子到花园里，为鱼儿举行葬礼。

5. 保护鱼儿

葬礼后，致远说："我们不能再让其他鱼儿受伤了，大家一起保护鱼儿吧！"于是，我们刻不容缓地开展了"保护鱼儿行动"。

行动一：孩子们制作保护鱼池宣传画

孩子们在卡纸上用侧掌印的方法印画鱼，并设计我们的宣传口号："保护鱼池你我他，鱼池卫生靠大家。"

行动二：利用宣传画，到其他班级进行宣传。邀请其他小朋友共同参与到保护鱼池的行动中来。

行动三：我们一起走走美丽的北江，亲近鱼的生存环境，把课堂延伸到自然和社会，在体验式社会实践活动中了解保护北江就是保护鱼儿。

"鱼儿在哪儿呢？"

行动四：孩子们回家和家人共同探讨保护鱼儿的办法。

鱼儿无法离开水，水中如果没有鱼缺少生机。在我园"绿色教育"的教学理念下，本活动通过绘制宣传画、社会实践的方式，让每个孩子心中都种下爱护水资源的环保种子，为鱼儿的家创设干净、舒适的环境。

6. 鱼的种类

在与家长探讨"如何保护鱼儿"的过程中，有些小朋友提出了疑问：我们还能不能吃鱼儿呢？为什么有些鱼儿能吃，有些鱼儿不能吃？

教师请孩子和家长一起到菜市场、水族馆等地方观察食用鱼和观赏鱼的区别。

这是他们的答案：

荆禧：水族馆的鱼儿都不能吃，它们叫观赏鱼。

昱茗：观赏鱼颜色都很漂亮。

翰翰：观赏鱼花纹很好看。

熹熹：观赏鱼瘦瘦的，肉很少。

可愉：妈妈在菜市场买的鱼是可以吃的，它们叫食用鱼。

俊儒：爷爷在北江钓的鱼也能吃。

筱潼：食用鱼有好多的肉，很有营养。

芷瑜：食用鱼有什么营养呢？

……

"我们一起来想想怎么分类吧！"

"耶，鱼儿分类完成！"

7. 新发现：足疗鱼

有一天，晰奥小朋友带了一大袋"鱼宝宝"回幼儿园。

致远：这种鱼叫亲亲鱼，我跟妈妈去泡温泉的时候见过，它们还亲我的小脚丫。

钰琪：太神奇了，原来鱼儿还喜欢亲亲我们的小脚呀！

恒恒：那是一种什么样的感觉呢？

孩子们纷纷表示好想试一试。

《3～6岁儿童学习与发展指南》指出，应注重引导幼儿通过直接感知、亲身体验和实际操作等方式激发学习兴趣，单纯追求知识技能学习的做法是短视而有害的。这一活动，通过幼儿的亲身体验足疗鱼，培养积极主动、敢于探究和尝试等良好的学习品质。并让孩子大胆说出自己的观察、体验的心得，让其语言表达能力在交流和运用的过程中得到发展，感受被足疗鱼"亲亲"小脚丫的奇妙体验。

（三）活动结束阶段

"鱼儿游游"主题探究活动接近尾声，为了让孩子们进一步对鱼儿有系统性的了解，获得更多关于鱼儿的感性经验，让家长进一步了解主题活动的发展，感受孩子在"鱼儿游游"主题活动中获得的成果。我们邀请家长一起开展"相约春天，'鱼'你同行"的主题小结展示活动。

小结活动节目精彩纷呈，以自主选择、自由入区的形式开展了主题成果展示、妈妈讲鱼儿故事、体验足疗鱼、品尝鱼儿美食等丰富多样的活动，激发孩子们学习和游戏的积极性和自主性，体验探索鱼儿带来的欢乐。

1. 表演故事

妈妈和孩子一起表演故事《小黑鱼》，"我们在一起就不怕大鲨鱼了！"

2. "鱼儿鲜"美食馆

孩子和爸爸妈妈亲手制作酸汤鱼。

3. "鱼儿美"创意馆

"妈妈，我们一起给鱼儿添上眼睛吧！"

"看我的鱼儿，漂亮吧！"

4. "鱼儿乐"游戏馆

"大鲨鱼来了，看谁躲得快！"

5. "鱼儿趣" 足疗鱼体验馆

"鱼儿在亲亲我的脚丫，真好玩！"

在本次探究活动中以"鱼"为主题，创造充分的条件和机会，萌发孩子们对周围事物的探索欲望，培养孩子热爱科学的情感，具有初步的探究能力。孩子获得的认识不是来自教师由外向内的传递，而是经过了发生在孩子自身内部的建构过程，"鱼儿游游"综合探究活动通过直接感知、实践操作、讨论分享、亲身体验等多种方式进行学习，最终成为孩子真正理解和内化的知识经验。

可爱的蚕宝宝（小班）

【主题由来】

温暖湿润的春天是万物生长的好时节，树木抽出新芽，冬眠的青蛙、小乌龟睁开蒙眬的睡眼。一天，恩恩小朋友带来家里的蚕宝宝，小朋友都围着蚕宝宝饶有兴趣地观察起来。

"这是什么虫子？"

"好像毛毛虫啊！"

"你看，它在动。"

《幼儿园教育指导纲要》指出，教师要善于发现幼儿感兴趣的事物、游戏和偶发事件中所隐含的教育价值，把握时机，积极引导。

结合我园"绿色自然，快乐自主"的教育理念，根据孩子对蚕宝宝的兴趣，恰逢春季正是养蚕的时节，教师预设了以"可爱的蚕宝宝"为主题的探究活动。

【主题目标】

通过观察、对比等了解蚕虫的外形特征和生活习性，发现蚕宝宝一生的四个形态变化过程；能用符号、图画的方式记录蚕虫的生长变化，乐于与同伴交流分享照顾蚕虫的经验；在照顾蚕虫的经历中提高观察能力、动手能力，建立爱护动物、保护生命的态度。

【实施过程】

（一）活动起始阶段

团讨：恩恩和小朋友介绍他的"宝贝"。

小朋友提出很多问题：蚕宝宝是怎么来的？是蚕妈妈生的吗？蚕宝宝喜欢吃什么呢？天气有点冷，要给蚕宝宝盖被子吗？蚕宝宝长大后是怎样的？

教师记录幼儿提出的问题，发现幼儿的兴趣，在孩子讨论的基础上预设了主题活动"可爱的蚕宝宝"，以及主要探索内容：蚕虫的外形特征、生活习性、照顾蚕宝宝、蚕宝宝的一生。

（二）活动开展阶段

幼儿回家与爸爸妈妈讨论、上网查阅资料，了解蚕的相关知识。第二天，幼儿带回有用的信息与同伴分享：

"蚕宝宝是昆虫。"

"蚕宝宝是吃树叶的。"

"它小时候不是这样的。"小宇向大家出示了虫卵的一张图片，成功地吸引了大家的注意力，"它小时候是一颗黑色的点点？"

为解开孩子的疑惑，家委会购买了一批虫卵，孩子们的快乐养蚕记由此开始。

1. 蚕是怎么来的

虫卵刚到的第一个星期，孩子们每天翘首以盼，我们为虫卵盖上棉花，并拿出去晒太阳增加温度，还为幼儿提供观察记录表，记录虫卵孵化为幼虫的时间。

第一天：没变化

第二天：没变化

……

第四天：蚕宝宝出来了！

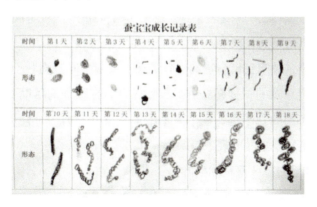

孩子们观察到有些虫卵终于蜕变为幼虫。孩子们欢呼雀跃，并展开讨论：怎样保护这么小的幼虫？

"蚕宝宝太小了，我们要保护它们。"

"天气很冷，我们要给它穿衣服吗？"

最后大家决定给新生的虫卵宝宝做一个温暖的房子。

孩子的收获：通过观察和记录，孩子们了解到蚕宝宝生命最初的形态——由一颗小小的黑色的卵变成，从卵形成起总共需要大约两周的时间。

新的问题：蚕宝宝吃什么？蚕宝宝总算出生了，它要吃什么呢？

2. 蚕宝宝的美食

孩子从大人那里得知蚕虫的食物是桑叶。于是孩子们回家和爸爸妈妈一起寻找桑叶。

有人来到公园寻找桑子树；有人去更偏远的乡村找；有人在菜市场看到了桑叶；还有的人想到上网买桑叶。第二天，孩子们带来一堆不同的叶子。

蚕宝宝会不会吃其他树叶？

孩子们猜测：蚕宝宝也会吃其他叶子吧。蚕宝宝吃其他叶子会不会生病？

于是孩子们对蚕的饮食喜好进行实际探索，在教师的帮助下，他们把蚕分成两部分放进不同的盒子里，一个盒子给蚕吃桑叶，另一个盒子放其他树叶，很快，孩子们便发现了一些现象。

"快看，这里的蚕一直在吃桑叶。"

"这个盒子里的蚕宝宝好像没怎么动，他们也没有吃树叶。"有个小朋友提议："给他们一点桑叶，看他们吃不吃。"

果然，孩子们惊喜地发现不动的这些蚕宝宝是因为不喜欢吃树叶，换成桑叶后他们便抬起头、扭动着软绵绵的身体吃起桑叶来。

孩子的收获：孩子们对蚕宝宝很有爱心，不仅为蚕宝宝做房子保暖，还到处找蚕宝宝的食物，在教师的建议下，孩子们自主发起"对比试验"，发现了蚕宝宝只喜欢吃桑叶的事实。后来，总有孩子和家长不时地带着一大袋桑叶回来，希望蚕宝宝健康地长大。

新的问题：蚕宝宝在孩子们的精心照顾下，每天都有很多新鲜的桑叶吃，很快它们便越长越大。孩子们在早些时候看到盒子里出现一些黑色的点点，以为是蚕卵，后来他们看到这些点点越来越大，而蚕宝宝也从细细的一条变得又长又粗。一天饭后，孩子们观察时讨论起来：

"这些黑黑的点点是什么？"

"他们越来越大，以前是很小很小的。"

在教师的提醒下，孩子们了解到这是蚕宝宝吃了很多桑叶产生的便便。孩子们哈哈大笑：

"真好笑，蚕宝宝也有便便！"

"那它的便便拉到桑叶上面了。"

"蚕宝宝不讲卫生，我们要不要帮它清理一下？"

3.蚕宝宝漂流记

从孩子们的观察和对话中，教师发现孩子产生了照顾蚕宝宝的想法，于是，"蚕宝宝"漂流记活动由此展开……

任务要求	幼儿班上的蚕宝宝越长越大了，幼儿的好奇心越来越强，为了让幼儿亲自体验照顾蚕宝宝，开展"蚕宝宝漂流活动"亲子活动，有兴趣参加的家庭可以踊跃报名！
蚕宝宝漂流记	

孩子们和家长都对蚕宝宝漂流活动产生了极大的兴趣，大家热情高涨，想把蚕带回家，满足孩子观察和照顾蚕宝宝的愿望。

孩子们把蚕宝宝带回家，认真地把每一条蚕身上的便便择掉，把吃剩的桑叶和屋子清理干净，然后把蚕宝宝放回盒子，喂新鲜的桑叶。

"蚕宝宝是软绵绵的！"

"蚕宝宝的身体是一个个的圆形。"

"蚕宝宝是白色的。"

"上面还有黑点点。"

孩子终于有单独观察、探究蚕宝宝的空间了，也有了更多的发现，并为此感到很兴奋。

教师的思考："蚕宝宝漂流记"让孩子把蚕宝宝带回家，给孩子更多的空间和时间探索蚕虫，培养孩子动手能力、照顾小动物的爱心和细心观察、探究事物的能力。

新的发现：蚕宝宝怎么不动了？

小朋友每天回园的第一时间都会去看看蚕宝宝，突然有一天，熙熙发现蚕宝宝不动了。于是，她和小伙伴讨论起来：

"蚕宝宝生病了吗？"

"它是不是死了？"

"它们为什么会这样？"

……

4. 蚕宝宝怎么不动了

小朋友们把蚕宝宝的情况告诉了教师，于是，教师与小朋友一起上网查阅资料和咨询买蚕养蚕的专业人士，通过师幼一起寻找相关资料，最后得知原来这是蚕宝宝蜕皮前的预兆。

小知识：蚕就眠时不吃不动，表面是睡眠，实际是脱掉旧皮，换上新皮以继续生长。蚕宝宝在整个饲养过程中要蜕皮4次，每次蜕皮的时候它不吃不动，这时尽量不要干扰它，经过一次蜕皮后，就是二龄幼虫，它蜕一次皮就算增加一岁，共要蜕皮四次，成为五龄幼虫才开始吐丝结茧。

以此为契机，教师为幼儿提供了日记让其观察，记录蚕蜕皮的时间。

孩子的收获：通过观察和记录，孩子们了解到蚕宝宝的蜕皮要经历4次，并且每隔7天就蜕一次皮。这不仅让孩子的好奇心得到满足，而且还能为孩子种下学会观察的基本方法的种子。

5. 蚕宝宝的秘密

当蚕宝宝经历第4次蜕皮后，班里囤积给蚕宝宝的"粮食"快要告罄了！这时候，孩子们也发现了问题：

"昨天晚上蚕宝宝的桑叶不够吃了！"

"我发现蚕宝宝吃东西好快！"

"我听到'沙沙沙'的声音。"

"以前没有这个声音的。"

......

　　孩子们七嘴八舌的讨论声已经引起了教师的注意，于是，教师告诉孩子："这是蚕宝宝快要结茧了。"听了教师这样说，孩子们非常高兴，纷纷说想看蚕宝宝结茧。

　　接下来的那几天，不管是带回家漂流的蚕宝宝还是在班里的蚕宝宝，都被孩子们围得水泄不通。

　　"老师，蚕宝宝的便便越来越大了！"

　　"怎么蚕宝宝现在不吃东西了？"

　　"为什么它一直在动来动去？"

　　"孩子们，注意罗，这是蚕宝宝结茧的征兆。"

准备放学了，今天轮到子益带蚕宝宝回家，"老师，您快过来！看看蚕宝宝，它吐丝了！"

这一说，其他的孩子们都炸开了锅，按捺不住了，都想来看看。

在与蚕亲密相处的两个月里，观察、饲养蚕宝宝成了孩子们每天都要做的事情，孩子们进教室后的第一件事情是去看看蚕宝宝的新变化，蚕宝宝真正融入了孩子们的生活中。

发现问题：蚕茧怎么了？怎么保护蚕茧？

问题来源：蚕宝宝吐丝结茧了，孩子们很兴奋，俊宇发现有个茧结在了半空中黏在盒子上面，他担心茧会掉下来摔伤，便用手把它放回盒子里……到了下午，我们却发现那只被动过的茧已经发黑，里面的蚕宝宝一动不动……

6. 蚕茧怎么了

教师引导孩子们观察茧的状态，发现蚕虫原来死了，孩子们在伤心之余也很好奇蚕茧死的原因。经过一番回忆和讨论，发现原来是俊宇误伤了它。小朋友这时对蚕茧的死半信半疑：也许它在里面还活着呢？蚕宝宝在里面长出翅膀了吗？

根据孩子们的疑问，教师把死去的蚕茧剪开来，给孩子们观察……

最后，应小朋友的要求埋掉了蚕茧。

新的发现：孩子们自从了解到蛹会羽化成蛾后，便每天都围着观察蛹的变化，期待看到它破蛹而出的样子。半个月后，有天早上孩子们回来，惊奇地发现一只蛹破了一个口：

"老师，快看，蚕蛹破了！"

"这里怎么有水……"

"它飞出来了，咦？蚕宝宝呢？"

这个现象马上吸引了大家的注意。

探究活动：美丽变身——破蛹成蛾

团讨：蛹是怎么破茧而出的？

教师请小朋友观察，然后说出自己的发现：

"它受伤了，还流了血。"

"我们要不要帮它们出来？"

"蚕宝宝去哪里了呢？"

"这就是蚕宝宝变成的蛾吗？"

"蛾会飞起来吗？"

"蚕蛾好漂亮，白白的。"

……

孩子们在团讨中不仅分享交流了自己的发现，还提出了很多问题，教师便向孩子们科普蛹羽化成蛾的知识：蚕蛹在经过10～15天后便会蜕去蛹壳羽化成蛾，蛾就是由蚕宝宝变成的。

蚕蛾陆续出来了，孩子们又有了新的发现：

"两只蚕蛾黏在一起。"

"它的翅膀一直在动。"

"它动得好快。"孩子们模仿蚕蛾快速扑棱翅膀的样子。

第二天，孩子们发现蚕蛾的房子里有很多白色的点点，教师告诉孩子们，

这是蚕蛾妈妈产的卵，以后蚕卵又会变成蚕宝宝……

原来，这就是蚕蛾妈妈产卵的过程，孩子们说：

蚕蛾妈妈真伟大！

小知识：蚕蛹长成蚕蛾的目的是繁衍下一代。雌蛾尾端有黄色的香水囊，膨胀时突出体外，散发气味引诱雄蛾鼓动翅膀前来寻偶。交配后，雄蛾不久就死了，雌蛾则继续下一代的任务——产卵。雌蛾产卵时是不休息的，一两天下来可以产到五百个左右的卵，产完卵后不久就会死亡。

（三）活动结束阶段

随着蚕蛾的繁衍，主题活动也接近尾声，小朋友纷纷把蚕卵带回家继续观察、探索。在该主题活动过程中，小朋友了解了蚕虫的外形特征和生活习性，发现蚕虫一生的四个形态变化过程；与同伴交流分享照顾蚕虫的经验；在照顾蚕虫的经历中提高观察能力、动手能力，养成爱护动物、保护生命的良好习惯。

神奇的大树（中班）

【主题由来】

春天到了，孩子们看到园里的树很是新奇，"老师，树是怎样长大的？""为什么树叶有的大有的小？""老师，为什么有的树有果子有的树没有？"等问题，听到孩子们兴趣盎然的议论，不禁想起有位教育家说过：为了儿童的健康，我们必须让儿童接触大自然生生不息的力量；为了儿童的精神生命，也必须让儿童的心灵与自然界的包罗万象接触。根据幼儿的兴趣和需要，我们开始了关于大树的主题探究活动。

【主题目标】

根据《3~6岁儿童学习与发展指南》，结合中班幼儿的发展特点，我们决定紧密围绕人类的好朋友——"树"设计一系列开展相关主题活动，能够让幼儿通过观察、调查等活动形式认识树木、了解树木的不同种类、不同作用、不同生长特点以及与人类密切的关系，同时增强幼儿对环保的意识，让孩子在领略自然风光的过程中发现大自然中的树木是与我们生活息息相关的，我们将预设一系列的观察、探究、体验、艺术等活动目标。

1. 通过观察树的外形特征，感知树木的种类是多种多样的。

2. 认识几种常见树木，了解不同树木特征。

3. 喜欢和树做朋友，懂得如何保护树木，树立初步的环保意识。

【实施过程】

（一）活动起始阶段

结合幼儿园现有环境和孩子们的兴趣点，开展了《寻找幼儿园的树》，以观察幼儿园环境为出发点，让幼儿寻找树之间的不同之处并进行观察，通过相片记录和团讨的方式，能够区分感知常绿树、落叶树以及认识园内各种树的名称、种类、外形特点等。

在团讨的过程中，小朋友提出了很多问题：为什么黄花风铃木树没有叶子，只有花呢？为什么有些树不开花？为什么鸡蛋花光秃秃只有树枝呢？为什么有些树长这么高，有些树这么矮？为什么树叶都不一样呢？……

教师发现孩子对树的树干、树枝、树叶等外形特征感兴趣，对树的生长很好奇。根据幼儿的已有知识经验和兴趣，教师与孩子一起设计出《神奇的大树》主题网络图，一起探索树的奥秘。

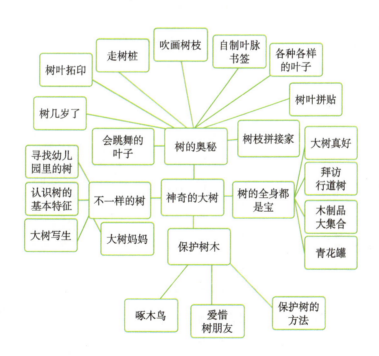

（二）活动开展阶段

这一阶段教师通过带领幼儿进行观察幼儿园的树，让幼儿对树的特征、作用、如何保护树木等进行一系列的团讨，通过观察、探索、表达、分享等方式，让幼儿在动手操作的过程中进一步加深对树的认识，同时激发他们的想象力和创造力。

1. 番石榴树写生

有一天，孩子在户外活动时，有一个孩子走到一棵番石榴旁站了一会儿，大声地说："你们快看，这棵树开出了羽毛一样的花，还结果了！"孩子们一窝蜂地围住了这棵番石榴树，对它的变化充满了好奇。于是教师组织孩子对番石榴树进行了仔细观察，通过讨论、绘画等形式将观察到的记录下来，深入了解番石榴树的特征。

2. 制作叶脉书签

孩子在户外收集树叶做树叶拼贴画的时候，有个孩子发现一片腐烂的叶子，只剩下了叶脉。于是，教师对此进行叶子的团讨活动。让幼儿观察、发现并比较不同叶子的差别，重点说出叶子的特征，感受叶子的多样性和奇特性；培养幼儿细致的观察力，了解不同树叶的不同叶脉，知道叶脉的互生、对生，并做出简单分辨，还通过家园合作让家长们带领幼儿一起亲手制作书签，体验动手操作的快乐，既激发幼儿探索自然的兴趣，又提高幼儿的动手能力。

3. 大榕树

在一次外出健行活动时，孩子们对长满须的大榕树很好奇，孩子们纷纷提出自己的问题：

"这是什么树？"

"它长满了胡子，是不是很老了？"

"为什么它的根这么粗？叶子却那么小？"

教师将孩子们的问题进行了记录，回幼儿园后，跟孩子们分享了榕树的特征。结合孩子们对树的大小和年龄的兴趣点，开展了"测量大树"和"树几岁了"两个科学探究活动。

4. 测量大树

孩子们在户外进行大树写生时，对大树的高矮、粗细产生了浓厚的兴趣。

隽元指着野战区的一棵小树说："老师您看，这树好高啊！"

肖肖指着旁边一棵杧果树："没这棵杧果树高！"

隽元说："我的比较粗。"

肖肖说："没我这棵粗。"

看到他们在激烈地讨论这里的树哪个高、哪个粗。于是，教师组织幼儿思考如何知道树的高矮、粗细。探索用合适的工具测量树干的粗细，喜欢测量活动。尝试使用测量工具，并能简单地记录下来，感受测量的乐趣。

5. 树几岁了

今天我带孩子们去观察树墩和上面的年轮，孩子们都很感兴趣，纷纷涌上来观看，还不时发表自己的见解。

植荣说："树墩上有个圆像一个太阳，圆圆的。"

思瑶说："老师，这上面都是一圈一圈的。"

老师说："大树的圈圈有个名字叫年轮，一圈代表一岁，想知道树木有几岁就靠数这些圈得知，你们观察一下这些树墩有几岁吧。"

孩子们开始认真数树墩的圈了。

本次活动从幼儿的经验入手，经过观察、讨论，激发幼儿探究树木年龄的兴趣，引导幼儿从颜色和疏密角度进行观察，让幼儿发现年轮的特点，依据《幼儿园教育指导纲要》要求科学活动要激发幼儿的好奇心和探究欲望，发展认识能力，愿意与同伴共同探究，能用适合的方式表达各自的发现，并相互交流。

6.种植果树

幼儿园买来一些果树苗准备种植，教师觉得这是一个很好的教育契机，于是带着孩子们去种树，发现孩子们对种树很感兴趣，于是生成一个《种植果树》的活动，让孩子们亲身体验种树的乐趣。整个活动看似简单，但在种植过程中孩子们和树有了亲密接触，从中激发了孩子们对树的喜爱和保护树木的想法。

在种植果树的过程中，发现在所种果树周边有一棵生长得特别茂盛的树木，挡住了周边果树吸收阳光，这就会影响周边果树的生长。师问："有什么办法可以处理这棵树呢？"

诺诺说："找保安叔叔把它砍掉。"

师问："那需要什么工具呢？"

孩子们争相说出自己的办法：用刀、用锯子、挖树根……

于是教师和孩子通过团讨的方式讨论出如何处理这棵树的方法。并将孩子们想的办法记录下来。因此生成了一个新的活动。根据和孩子们一起讨论出来的方法，孩子们很快想到了木工坊的工具，于是教师就和孩子们一起借来木工坊的各种锯子，有长锯、工锯、短锯。通过不断尝试工具并在大家的接力下，树终于拦腰锯断。

孩子们还尝试利用手中的小锯子分解树枝，同时学习使用锯子的正确方法。在整个过程中，孩子们积极参与，动脑想出多种方法来解决问题，探究欲望十分强烈。

　　原来在大榕树的枝丫上面长了几株木耳，这时候孩子们开始活跃起来了，"为什么只有这一棵树长木耳呢？"

　　源源说："可能因为这根树枝有足够的营养，所以它才能长出木耳。"

　　教师给孩子们讲解木耳的生长环境。至于这根树枝为什么会长木耳，教师并没有直接告诉孩子答案，而是让孩子积极思考，开动自己的小脑袋。

　　回到课室后，便立即生成了课程——《木耳》。教师和孩子们一起经过讨论、上网查资料最终得知，原来木耳只会生长在枯木上。

　　7. 树枝是否能生长

　　有一天罗老师开展树枝拼贴活动，玟懿提出把树枝插在泥土里，插完树枝。

　　孩子问："树枝还能不能生长呢？"有小朋友说"能"，有小朋友说"不能，因为它们已经死了！"于是教师就找来一盆泥土让孩子插树枝。生成活动《树枝是否能生长？》，并让孩子们给树枝浇水，看能不能生长。

过了几天，孩子们惊奇地发现树枝真的长出树叶来了，还开了花！期间孩子们对这株发芽的树枝很重视，每天一回来第一时间就去观察它的变化，每天定期浇水。可过了一段时间，树枝上的叶子枯萎了，花凋谢了。孩子们都很难过，于是对此展开了团讨。

8. 拜访行道树

在探索树叶的时候，孩子们了解到树木通过树叶进行呼吸，我们的空气也是通过树叶得到净化的，在感叹小小树叶却有这么大作用的同时，让幼儿一起团讨什么是行道树，它的功能是什么？

堃堃："可以让街道变得更漂亮。"

姗潼："可以为行人遮挡太阳。"

49

子涵："可以吸收汽车的尾气和路上的灰尘。"

泓宇："可以阻挡一部分的噪声。"

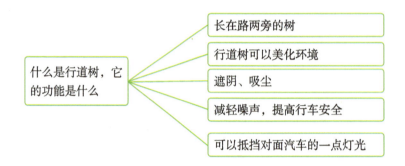

什么是行道树，它的功能是什么

- 长在路两旁的树
- 行道树可以美化环境
- 遮阴、吸尘
- 减轻噪声，提高行车安全
- 可以抵挡对面汽车的一点灯光

9. 木制品大集合

虽然木制品在孩子的生活中随处可见，木制的桌子、木制的椅子、木制的玩具等，但所有的这些认识我们或许并未给予过孩子们一定经验上的整合，所以这些认识是零散的、细碎的，教师组织孩子对木制品进行团讨，帮助孩子整理已有的零散经验，在孩子的头脑中建立起木制品的概念，丰富孩子的认知经验，感受木制品的"丰富多彩"以及在我们生活中的用途。孩子们积极地说出生活中的木制品。

生活用品类：木桶、勺子、铲子……

家具类：凳子、床、桌子……

玩具类：感统玩具、串珠、小木马……

建筑类：地板、楼梯、扶手、木屋……

交通工具类：大板车、船……

乐器：钢琴、小提琴、古筝、琵琶……

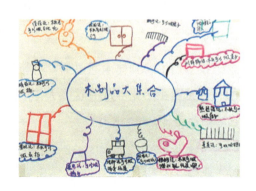

10. 保护树的方法

在孩子们懂得我们的生活离不开大树和大树的重要性，教师开展了"保护树木"小主题活动，通过认领小树、"爱惜树朋友"，萌发幼儿爱护大树的意识和积极参与环保活动，培养幼儿良好的环保习惯。

我们开展了团讨——如何保护大树，孩子们都积极思考问题，结合之前所学习的知识，踊跃说出自己的想法。

梓天：不要摘树叶，它会疼的。

源源：不能在大树旁边挖洞，不然树根就不能扎根啦。

天天：不能摘树枝。

芙芙：不能砍树，要给大树施肥，要把虫子赶走。

这时，源源小朋友提出："我在路边看到只有树下涂上了白色的东西，但虫子会飞上去的，怎么办呢？"

教师：路边的树下面涂的东西是杀虫漆，也是能起到保护树木，不让虫蛀的，但是源源小朋友提出的问题，我们应该怎么解决呢？

邦邦：整棵树都涂上白色的杀虫剂。

婷婷：在树下放置喷了药的食物，虫子吃了就会死掉啦。

源源：把几只虫子的蛋放在蜘蛛网上，当虫子飞过去就会被粘住了。

通过今天的团讨，我们知道幼儿对于保护树木的意识还是很深的，并且在源源小朋友延伸出来的问题中，孩子们也是积极去思考并大胆地说出自己的想法去保护树木。因此，通过此次的团讨，加深了孩子们对保护树木的意识。

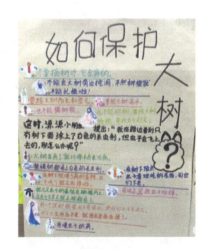

（三）活动结束阶段

在中班"神奇的大树"主题课程的背景下，为加深幼儿对树的认识，培养幼儿热爱大树保护环境的意识，增进亲子之间的情感，提高孩子创编故事的能力及语言表达能力，结合我园的两个形象代表然然和乐乐，渗透绿色理念，创编大树与然然、乐乐相关的童话、寓言故事和绘画作品，开展"神奇的大树"讲故事、绘画比赛。邀请其他班的孩子观看故事比赛。将主题绘画作品在走廊展示，让家长和孩子欣赏。

本次主题小结活动为期一周，中五、中六、中七班幼儿先在班级围绕主题创编的故事和绘画进行了选拔赛，还在多功能室举行"神奇的大树"主题课程的绘画、故事比赛。

在实施主题活动的时候得到了家长的大力支持，家长陪着自己的孩子一起制作树叶拼画，陪着孩子一起收集各种各样的叶子，家长积极来到班上教孩子如何吹画，幼儿的绘画、手工技能都得到了一定的提高，尤其在树叶拼贴方面，孩子们能发挥想象，拼贴出花鸟鱼虫等很多作品，本主题贴合幼儿实际，从幼儿自身出发，利用探索、操作式的课程让幼儿更加清晰、全面、深入地认识树，让幼儿学会爱护环境、爱护树木。还结合3月12日植树节，让幼儿了解树和人类的重要关系，知道如何爱护花草树木；通过亲子活动在实践中体验种树苗、浇树苗的活动，体验我为保护环境做贡献，激发孩子们萌发爱护小树的精神，并知道所有的植物都有生命，应该保护它们，以及积极倡导保护树木、保护环境，让幼儿有初步的环保意识。

花的秘密（中班）

【主题由来】

春日伊始，白昼渐长。雨水敲醒了屏息的大地，蛰睡了整个冬季的阳光被惊醒，埋藏在土壤里的生机蠢蠢欲动。

在清远市实验幼儿园里，"春来草色一万里，芍药牡丹相间红。"那青的草、绿的叶、颜色鲜艳的花争相开放，构成一幅生机勃勃的春景图。

开学初，下了好几天的雨，好不容易，天放晴了，教师带幼儿到幼儿园户外散步。幼儿一下子就被那春日里初开放的花朵吸引住了。他们跑过去看一看，摸一摸，闻一闻，并且跟小伙伴、老师们讨论花的名称，他们还发现花与花之间花色、形状、味道都不相同。回到班上，教师对幼儿园的花进行了简单的介绍，幼儿对花的兴趣越发浓厚。

爱因斯坦说过："兴趣是最好的老师"。作为教师，我们要善于发现和保护幼儿的好奇心和探究兴趣，顺应天性，创造和提供机会，鼓励他们运用观

察、比较、操作、实验等多种方式去探究具体事物，积累有益的经验，发展探究能力。我们有了这些发现，围绕"兴趣""经验""价值点""可行性"等问题做了初步的估计，决定开展以"花"为主题的探究活动，随之，中三班"花的秘密"综合探究活动就开始了……

【主题目标】

《3～6岁儿童学习与发展指南》科学领域中指出，"喜欢接触新事物，经常问一些与新事物有关的问题。""常常动手动脑探索物体和材料，并乐在其中。""能感知和发现动植物的生长变化及其基本条件。"根据我园"绿色自然，快乐自主"的课程理念，结合中班幼儿年龄特征和兴趣，依附周边环境资源，我们预设一系列的观察、探究、体验、艺术等活动目标。

1. 让幼儿通过连续观察和比较，亲身体验、探究花的外形特征。

2. 萌发幼儿初步的探究兴趣及对大自然的喜爱。

3. 让幼儿在体验的过程中感知周围事物的变化。从而发现生活、发现自然、发现艺术。

4. 让幼儿从小懂得生命是平等的，人类与自然和谐相处，在幼儿心中种下尊重生命的种子。

【实施过程】

（一）活动起始阶段

1. "花"的团讨

通过与幼儿的讨论，在幼儿已有经验的基础上，形成了幼儿对花的认知经验网络图。

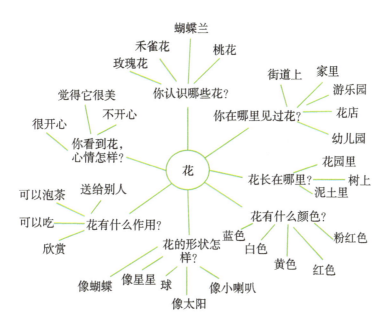

2. 我喜欢的花

　　教师组织幼儿到幼儿园户外观察花朵。大家被满园春色所吸引，对花的名称很感兴趣。教师把照片放在一体机与幼儿一同认识它的名称。大家认识了颜色艳丽的石竹、骄阳似火的非洲菊、竖起兔耳朵的仙客来、蜜露香的茶花……

　　为了更加深入地了解幼儿对花哪些方面感兴趣，教师组织幼儿进行了团讨。

　　我们从中选出了幼儿园中有代表性的八种花，让幼儿进行票选，选出最喜欢的一种花，并说出喜欢这种花的理由。

　　薇薇选择了兔耳花："因为它美。"

　　筱姝选择了茶花："因为它是粉红色的，我很喜欢粉红色，它（还）有一股香味。"

　　骁骁选择了石竹花："它有不同的颜色，很漂亮。"

　　通过这次团讨与票选"我喜欢的花（幼儿园篇）"，我们了解到幼儿喜欢的首先是可爱的象形花——兔耳花，其次是石竹、非洲菊、茶花也有不少票数。

在我们进行小组的讨论与票选过程中，充分展现幼儿的观点，珍视幼儿在学习过程中表现出的真实的兴趣和想法，使幼儿在交流中积累经验，学习方法，发展思维，提高探究能力。

（二）活动开展阶段

1. 可爱的兔耳花

我们与幼儿到南面小花坛观察开得正盛的兔耳花。大家对外形像兔子耳朵的兔耳花很感兴趣，大家聚在一起用眼睛看一看，凑近用鼻子嗅一嗅它的味道。回到班上，我们开展了关于"兔耳花"的活动。

我们开展了团讨——我对兔耳花了解多少。

恬恬："它们（兔耳花）是堆在一起的。"

骁骁："它的花瓣像兔子的耳朵，所以才叫兔耳花。"

珈珈："兔耳花有很多（种）颜色，有红色、黄色、玫红色。"

通过团讨，我们了解幼儿知道兔耳花的颜色，他们喜欢兔耳花的原因多在于兔耳花外形，颜色鲜艳漂亮，他们都对兔耳花的结构很感兴趣。因此，教师给幼儿讲解了兔耳花的基本习性，还组织幼儿去写生，让他们通过绘画的方式加深对兔耳花外部结构的了解。

利用幼儿园的环境资源，让幼儿可以亲身探究身边的花朵。在探究过程中，教师创设了一个鼓励幼儿仔细观察与运用多种感官的探索氛围，根据幼儿的兴趣点展开探究。

2. 香香的茶花

我们来到幼儿园八角楼一楼的花坛观察茶花。幼儿马上被它的美吸引，不由得靠近细看。几个女孩子把鼻子凑近花朵闻了闻："温老师，这朵花（闻起来）好香啊。"其他小朋友也纷纷用鼻子嗅茶花香，一张张惊喜的小脸，纷纷说道："哇，真的好香啊！"

午餐后，我们又来观察茶花。骏骏发现一朵棕色茶花，他说："老师，这朵花死了。"芯语说："是凋谢啦。"她嗅一嗅凋谢的茶花说："咦，臭臭的。"

科学观察是一场感官的"盛宴"，在探索茶花的过程中，幼儿用手摸、用眼看、用鼻子嗅，通过触觉、视觉、嗅觉多种感官感知了茶花的特点和特征。

教师发现幼儿对花的观察十分细致，同时他们也有了一些疑惑，例如"花为什么会盛开？""花为什么会凋谢？""班上的玫瑰花（仿真花）为什么不会凋谢？"一次次的分组讨论与分享，小实验的制作，教师发现幼儿对花的了解更加科学有根据，他们知道真花会枯萎，会死掉，而假花不会。

"真花与假花的不同"团讨活动。

小颖： "真花有生命，会凋谢；而假花没有种子，不需要阳光。"

果果： "真花的叶子摸起来软软的，而且它有根部；而假花的里面有铁。"

骁骁： "真花需要种子，它会生长；而假花是用纸做的。"

3. 种植米兰

3月12日植树节，家委会的家长为我们提供了米兰种子，结合"花的秘密"主题开展"米兰的种植"活动。

种植前，我们进行了一次"种花需要什么"的团讨活动。

颖颖： "我觉得种花需要种子，慢慢给它浇水，还需要阳光补充养分，还有泥土。"

骁骁： "我觉得种花需要有足够的耐心。"

果果： "种花需要用到铲子。"

荣佳： "要挖坑。"

实践更能让幼儿对种花需要什么有更深入的了解。幼儿了解到种花需要什么，通过亲自搬运米兰，种植米兰，体验种植的步骤，搬运、除草、挖坑、回填、浇水……

幼儿的经验是在一次次活动中通过自己的实践所积累的。在种植米兰的过程中，教师给幼儿创设了一个开放的、持续的、宽松自由的观察与探索环境，提供了足够的材料，给予幼儿尽情探索和表达的机会，使之体验探索的快乐。

4. 移植茼蒿花

今天，李老师组织幼儿进行小组活动：到菜园寻找菜花。幼儿惊喜地告诉她，他们发现了像向日葵的小花。

骁骁："想把花摘回去给刘老师。"

小颖："不能摘，这样花会死的，我们可以带回去种着。"

李老师："我们怎么把花带回去？"

筱姝："那我们把它拔起来。"

小颖："不行，这样会把它拔断的。我们把它挖回去吧。"

李老师："我们怎么挖？用什么挖呢？"

小颖："用铲子挖。"

筱姝："用铲子铲起来。"

他们蹦向种植工具房里找铲子。

果果："由下往上铲。"

果果把花连根带土铲了起来，琦琦在美工区找了个桶装着花回班上去。

随后，李老师在植物区找到了一个花盆，让幼儿自己把花种上，好不容易几个人合作把花种上了，结果不小心弄折了。大家马上想办法拯救折株的茼蒿花。

瑞瑞："用积木。"

小颖："不行，但是（积木）不够高。"

轩轩又想到办法："我们用二楼平台的木头吧。"

小颖："不行，木头太大了。"

最后，果果找来了雪糕棍和扭扭棒，在李老师的帮助下搭起支撑花枝的架子，终于把茼蒿花支起来了。花的生命力很顽强，看它花盘向上，向幼儿展现它的美！

这次折株事件，充分激发幼儿的好奇心和探究欲，他们在讨论过程中能结合自己的已有经验，并在和同伴的交流互动中激发新的灵感，展开抢救行动。科学探究的意义正在于幼儿动手动脑主动操作与体验的过程。在此次拯救茼蒿花活动中，幼儿乐于开动脑筋，进行思维的碰撞，解放了大脑；在选择材料时，乐于动手操作，实现自我建构、自我探究、自我发展和自我学习，解放了双手；在体验与交流中，幼儿用语言表述自己的发现，进行互动分享，充分解放了嘴巴。

5. 野花的秘密

随着雨水的减少，满园春色，百花争艳，就连不起眼的小野花都遍地开放。幼儿也注意到了这些小野花。刚好果果在家里带来了一本关于野花的书籍《城市野趣一步一花》，幼儿园里的野花叫什么名字？也许果果带回来的书能告诉我们。

野花叫什么名字？幼儿真正的主动探究和学习是从意识到有问题开始的。在幼儿有了探究的问题和探究的积极性后，要想促成幼儿的主动建构，教师就应该去尝试引导幼儿"简约地复演"科学家的发现和认识过程，找寻问题的答案。

果果带着书本，和小伙伴继续寻找幼儿园的野花。在烹饪区，几个小脑袋凑在一起，教师走过去一问，他们说："我们在吹蒲公英。""这是蒲公英吗？"幼儿很确定，教师用手机一扫，发现原来它叫一点红，但幼儿还是认为它可以吹起来飞走的就是蒲公英，于是，我们有了新的探索"像降落伞的种子"。

恬恬："它们的种子像降落伞一样，种子落在哪里，它们就在哪里生长。"

博博："一点红它是红色的。"

果果："蒲公英的花瓣是黄色的。"

荣佳："它们的叶子是不同的。"

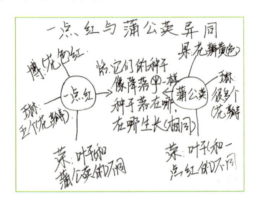

探索"像降落伞的种子"，教师有意识地引导幼儿观察周围事物，学习观察的基本方法，培养观察与分类的能力。引导幼儿在观察和探索的基础上，尝试进行简单的分类、概括。

幼儿对幼儿园里的野花有了基本的认识，教师将幼儿园常见的野花制作成任务单，让他们分组探究。幼儿拿着"寻找野花"任务单，在幼儿园里寻找与图片中相对应的小野花，并在任务单上做记录。教师组织幼儿在分组探究过程中，采摘野花样本回班上进行分享、交流。

在主题探究活动中，保持幼儿的乐趣很重要。幼儿持续的观察和探究应该受到鼓励。幼儿在探究和保持乐趣阶段的学习中，是既自然又充满趣味的。当幼儿对野花这个探究对象产生浓厚兴趣时，他们会沉浸其中，乐此不疲，这是一种很好的学习品质。我们应该鼓励和支持幼儿，所以有了本次"寻找野花任务"的活动。

教师组织幼儿采摘野花样本。幼儿采摘花朵的行为从此开始，大家从观察变成了采摘。因此，我们开展了"花儿好看，我摘不摘"的团讨活动，引导幼儿思考什么场合、什么时间、什么事情等因素去采摘花儿才适宜。

恬恬："花儿都有生命的，我们摘了它会哭的，会死的。"

博博："花儿好看，不能摘，例如蛇莓，有毒。如果没毒，我们可以采摘。"

荣佳："不能摘，因为有农药。"

通过开展"花儿好看，我摘不摘"的团讨活动，培养幼儿初步的批判思维，使他们了解到有些事情不是只有对和错，而是应该考虑多方面的因素。

6. 高高的花树

这天，李老师捡回来木棉花带到班上，大家通过触摸、解剖新鲜木棉花，了解它的基本结构，有花瓣、花萼、花托等。我们还将鲜花、与自然风干、干燥的木棉花进行对比。教师组织幼儿到静福广场去近距离观察木棉花。木棉花生长在树上，大家需要抬头才能看到木棉花的大概轮廓。通过实物的观察、触摸等多种方式，让幼儿对木棉花有更深入的了解。

认识了长得高高的花——木棉花。幼儿把观察花朵的目光，从地上转移到树上。瞧，这棵树的花也长得高高的。原来幼儿园有一棵高高瘦瘦没有叶子的树，在不知不觉中，它悄悄地开花了，因为它的颜色鲜黄，还一簇簇的，吸引了全园师生的注意，它叫黄花风铃树。黄花风铃花的美，吸引了大家的目光。幼儿捡起掉落在地上的风铃木花朵，观察花朵外部结构。

幼儿被这一簇簇的黄花吸引了，用不同的方式去绘画黄花风铃花。

一夜的风雨，黄花风铃树下掉落不少黄花，这样的情景学习古诗《春晓》最好不过了。而掉落的黄花风铃花怎么处理呢？小果说道："我们可以把它埋起来，当肥料。"女孩拿盆子捡起掉落的花，男孩拿起铲子，在米兰旁边挖坑，把掉落的花填埋，让它当花肥，滋养植物。

　　我们还开展了"我认识的木棉花与黄花风铃花"团讨活动，幼儿通过比较、观察、触摸、绘画等方式，用语言表述它们的不同。

　　凯琳："黄花风铃花是黄色的，木棉花是红色的。"

　　恬恬："黄花风铃花的花瓣是薄的，木棉花的花瓣是厚的。"

　　小颖："黄花风铃花和木棉花都是长在树上的。"

　　春暖花开，原来花会开在不同地方，抬头，幼儿的关注点自然而然被开得高高的花所吸引。在探索过程中，教师是幼儿观察发现的分享者。同时，教师还是幼儿观察发现的引导者。教师利用一个个问题，支持幼儿不断深入地观察，从观察木棉花与黄花风铃花两者的局部特征到发现它们的整体特征，幼儿的观察愈加细致和多维。

7. 我们的园花——禾雀花

教师组织幼儿观察幼儿园的花时，幼儿对生长在沙水区的禾雀花特别感兴趣。

幼儿一周一周连续地观察发现禾雀花的生长，发现它的形态的不同。

我们观察它时，大家会觉得禾雀花就像一只只小鸟。有"头、身体、翅膀、尾巴。"当它盛开时，一串串禾雀花犹如一只只盘旋在枝上飞舞的禾雀鸟。

我们去江滨公园健行。回班上请幼儿画出自己看到的最喜欢的花，幼儿都纷纷画起禾雀花，由此可见大家对它的喜爱程度。

《3~6岁儿童学习与发展指南》指出，和幼儿一起发现并分享周围新奇、有趣的事物或现象，一起寻找问题的答案；通过拍照和画画等方式保留和积累有趣的探索与发现。在观察中等待禾雀花的成长过程中，教师没有直接传授禾雀花的相关知识，而是和幼儿一起等待与发现，并用拍照与绘画方式进行记录。在探究和发现的过程中，幼儿不仅收获了有关禾雀花的知识，更重要的是，学会了各种方式的观察、耐心的等待、多感官的感知，对禾雀花产生浓厚的兴趣，知道科学要遵循自然规律。

8. 菊花

教师组织幼儿观察幼儿园的花，非洲菊因其花盘大、颜色艳丽而辨识度很高，得到众人欣赏的目光。

教师通过一系列的活动与幼儿一同认识菊花。通过对非洲菊的观察、触摸，认识它的花瓣、花型等。使用小雏菊、非洲菊进行艺术拓印，还开展了菊花茶的冲泡与品尝，一同参与制作菊花糕。清明节也可以使用菊花来祭拜祖先。幼儿对菊花有了多方面的了解，也知道原来有部分的花除了欣赏，还可以食用、饮用的用途。

《3～6岁儿童学习与发展指南》指出，4～5岁的幼儿喜欢接触新事物，经常问一些与新事物有关的问题。常常动手动脑探索物体和材料，并乐在其中。在探究菊花的整个过程中，教师正是给幼儿创设了一个开放的、持续的、宽松自由的观察与探索环境，提供了足够的材料，给予幼儿尽情探索和表达的机会，使之体验探索的快乐。

（三）活动结束阶段

"花的秘密"综合探究活动接近尾声，我们以主题分享的方式邀请了中班及其他班的幼儿和教师前来参与"我与花儿有个约会"主题的展示活动，我们一起分享主题的成果，丰富幼儿与"花"相关的经验。

　　"花的秘密"是一个来源于幼儿兴趣的主题探究活动，在此过程中，幼儿收获了成长与快乐。受此启发，在日常教育教学工作中，教师需要不断地发现幼儿的兴趣点，不断地开发适合本班幼儿的优质课程资源，从幼儿的生活经验出发，让幼儿拥有更多的体验与探索的机会。

　　"花的秘密"主题活动的探索之旅虽然结束了，但是幼儿的探索之旅还没有终止，教师应继续聚焦幼儿的兴趣点，关注幼儿的成长，继续开展一个个新的主题探索活动。

各种各样的袋子（中班）

【主题由来】

袋子，是孩子在生活中经常接触的物品，孩子发现衣服上有口袋、去商店买东西要用塑料袋，妈妈出门总会背着精致的手袋，孩子对袋子如此熟悉，那它有什么教育价值和游戏价值呢？如何激发孩子对袋子的探索兴趣呢？

《幼儿园教育指导纲要》指出，教师应密切联系幼儿的实际生活，充分利用幼儿身边的事物与现象作为探索对象，引导幼儿利用身边的物品和材料开展活动，发现物品和材料的多种特性和功能。因此，我们预设了以"袋子"为主题的探索活动，开启了以孩子为中心、以问题为导向的快乐学习之旅，我们来看看孩子们是如何玩转袋子，探索袋子奥秘的吧！

【主题目标】

1. 了解袋子的各个种类，探索不同袋子的多种特征，提高探究事物的能力。

2. 理解白色污染对人类生活和环境的危害，倡导家庭少用塑料袋，培养环保意识，养成垃圾分类、少用塑料袋的环保态度和行为习惯。

3. 能动手动脑探索和发明袋子的多种玩法和多种生活妙用，提高动手能力。

4. 创新袋子的玩法，体验创造性游戏的乐趣。

【实施过程】

（一）活动起始阶段

教师请孩子们收集家里各种各样的袋子，带来幼儿园，看孩子对袋子是否感兴趣。

第一次团讨中，孩子们就发现了袋子不同的外形和材质，并饶有兴趣地对它们进行分类，用数数的方法统计袋子的种类和每种的个数。

教师查阅相关资料，寻求如何开展主题活动促进孩子们发展。

教师根据孩子带回来的袋子，针对孩子们对袋子种类的发现、数量的敏感，再次组织团讨活动。

教师在孩子们讨论时记录下孩子们所说的话，在孩子们讨论的基础上，教师结合我园绿色教育的理念，并跟着孩子对袋子产生兴趣和问题走，鼓励孩子自己发现问题和想办法解决问题，由此逐步产生了以孩子为中心，以问题为导向的主题框架。

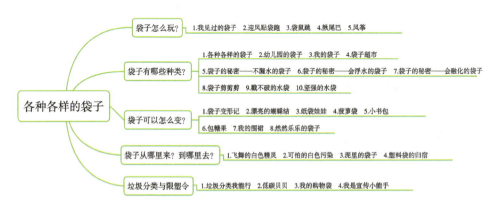

（二）活动开展阶段

教师利用孩子爱玩的天性，以"玩转袋子"入手，在团讨中，孩子们通过回忆、表达，分享他们在生活中关于袋子用处的相关经验，当教师提出"袋子不仅可以用，还可以拿来玩时"的想法时，孩子们表现得很兴奋，一些马上迫不及待地分享了他们自己发明的袋子玩法。同时，教师与家长沟通，呼吁家长参与主题活动。

1. 袋子怎么玩

孩子是天生的玩家，任何一个物体在他们手里都可以被发掘出巨大的玩乐价值。为了解决这个问题，激发孩子创造更多的玩法，孩子们展开了团讨"袋子可以怎么玩？"并回家寻找各种袋子尝试。经过孩子亲自摸索，结合父母的提示，孩子们回到幼儿园提出了各自的创意玩法。

教师把这些想法记录下来，并把它们贴在教室里。这些想法有：袋子可以捕捉空气；袋子可以做成风筝在天上飞；袋子可以变形，揉成细细的长条，就像小猴的尾巴一样；我们在操场上玩袋鼠跳的长长的东西也是袋子吗；我发现了袋子放在身上不会掉下来的秘密……

一些孩子只是提出疑问或初步的猜想，教师鼓励他们大胆地想，大胆地说，并在操场上证实自己的想法，以下是孩子们探索袋子玩法的过程。

（1）捕捉空气

"看，我捉了好多空气！"浩浩把捉到空气的袋子扎紧，手掌用力一拍，袋子随即发出"砰"的一声，便裂开了，惹得孩子们哈哈大笑，纷纷效仿他的玩法。

（2）袋子风筝

晨晨和妈妈在家一起讨论发明了这个玩法，第二天晨晨便从家里带来大大小小的塑料袋和针线，要和小朋友一起做风筝。她还告诉小朋友，"一定要用薄薄的袋子才可以飞起来！"

（3）揪尾巴

小宇在摆弄袋子时偶然发现袋子可以不断对折，最后变成细细的长条形。"老师，你看，我的袋子长长的，好像猴子的尾巴呀！"我们根据小宇的想法讨论出揪尾巴的游戏。第二天小朋友自发地带来很多袋子，要求玩揪尾巴游戏。

（4）迎风贴袋跑

小瑜说他跑步时袋子可以黏在身上怎么都不会掉，小朋友纷纷表示不信。为了证实小瑜提出的玩法，小朋友来到空旷的场地进行了试验，发现只要跑得够快，袋子会在风的作用下紧紧贴在胸前不掉下来。

（5）袋鼠跳

孩子们在运动区架子上发现了很多布袋，大家说："这个也是袋子吧！"孩子们拿着袋子玩起了袋鼠跳游戏，一个个小袋鼠在操场上蹦蹦跳跳。

（6）踩气球

把袋子吹成鼓鼓的气球状扎在脚上，随着哨声响起，游戏开始了，孩子们既要保护好自己的气球，又要踩别人的气球，尖叫、欢笑、兴奋地躲跑，这是最激烈最受欢迎的袋子游戏了！

孩子们的收获：通过探索问题"袋子可以怎么玩？"，孩子们积极动手动脑，发挥想象，大胆尝试各种想法，提高了孩子们的动手能力、想象力和创新能力，体验了玩转袋子的乐趣。

新的现象：通过对袋子玩法的探究，孩子们对袋子产生了浓厚的探索兴趣，他们的眼睛总能发现一些有趣的现象，即"我的袋子是透明的，他的袋子是彩色的""我的袋子是滑滑的，他的袋子是粗粗的""我的袋子是用布做的，和他的不一样"等，发现孩子对袋子的外形特征和材质有初步的感知和探究兴趣后，第二个问题便应运而生了——"袋子有哪些种类和特点？"

2. 袋子有哪些种类和特点

为寻找答案，解决这个问题，孩子们再次收集了很多袋子带回幼儿园，在晨谈中互相介绍，说一说、看一看、摸一摸、比一比，发现了袋子有各种各样的图案，摸起来有不同的手感，在教师的帮助下孩子们用直观的视觉和触觉感知袋子的不同，根据袋子的材质分成了纸袋、环保袋、塑料袋、布袋、泡沫袋、水果网袋等种类。孩子们很快就发现了各种袋子的不同点。

幼儿在晨谈中探讨各种各样的袋子。

升升：这个布袋很厚，可以装很多东西。

子裕：这个塑料袋可以装水，不会漏哦！

孩子们凭借着敏锐的触觉和生活经验，似乎发觉了不同袋子有不同的特点，却缺少新经验的提升和总结。

因此，教师和孩子商量选择了生活中最常见的纸袋、环保袋、塑料袋三种袋子展开了对袋子特点的探索活动。

（1）不同材质的袋子

纸袋、环保袋和塑料袋有哪些不同呢？孩子们在活动中摸一摸、比一比，通过直观的观察发现了袋子的不同。

珣珣："塑料袋薄薄的，是透明的。"

小焯子："环保袋上有很多小格子。"

潼潼在美工活动中发现纸袋可以直接用手撕。

植尚："塑料袋大力一点也可以撕。"他把塑料袋用力撕出一个口，发现被撕烂的边缘和纸不一样。

（2）不漏水的袋子

冬冬妈妈在进课堂时给孩子们带来一节有趣的科学实验活动，她给孩子们展示了一个奇妙的科学现象：用尖尖的铅笔快速穿插进装满水的密封袋里，袋子虽然戳出两个洞，水却一点儿也没漏出来。孩子们都为之惊呼，怀着忐忑的心情跃跃欲试。

小雨一边喊"哎呀，袋子好疼啊！"一边捂着眼睛把铅笔插进袋子里，看到自己的实验成功了，又露出惊喜的表情来。

（3）会浮水的袋子

一天，小朋友提议去戏水区时带上袋子去玩，袋子和水会发生什么故事呢？孩子们用袋子反复装水、倒水和泼水。这时，神奇的现象发生了，孩子们观察到塑料袋一直浮在水面上，而纸袋和环保袋刚开始也浮在水面上，后来却沉到了水里。为什么会这样呢？鑫鑫说："我知道了！因为袋子会喝水！"

于是，教师通过团讨，并和孩子们再次做实验，帮助孩子积累新经验：原来纸袋和一些环保袋具有吸水性，当它们喝了足够的水就会变重，进而沉到水底。而塑料袋很轻，又不会吸水，所以一直浮在水面。

（4）会融化的袋子

这是发生在戏水区玩袋子时的另一个故事：晴晴分享了她在戏水区玩纸袋的经验，她的袋子在水里不见了，这是怎么回事呢？原来晴晴和小伙伴一起用纸袋装水，吸水越多袋子越湿，后来袋子烂了变成一块一块的，又从一块块变成一条条，有的甚至消失在水里融化了，最后晴晴和小伙伴抓起融化的袋子碎料，把它们搓成了一个个小圆球。

"原来袋子还会变形呀！"孩子们对这个新现象发出了惊奇的感叹。

看到此情此景，小裕突发奇想："袋子会变成小圆球，还会变成什么呢？"这个无意中提出的问题引发了大家的思考，接下来的几天，在自由活动和餐后时间，教师发现小朋友们都天马行空地猜想着袋子如何变成自己喜欢的东西。

孩子们的收获：孩子们学习通过观察、对比和互相分享，发现了袋子的各个种类，并借助家长的力量、户外自主游戏的契机了解了袋子的更多科学性

质，孩子自发地学习和主动地思考总是发生在游戏中、愉快的谈话中等自然场景。

新的发现：袋子也会变形吗？

继袋子融化变形之后，孩子们对袋子外形的变化产生丰富的遐想，于是新的问题产生了——"袋子可以变成什么？"

3. 袋子变形记

教师记录下孩子偶尔冒出来的零碎的想象：

"袋子可以变成小白兔吗？"

"我想让它变成漂亮的裙子。"

"我要让袋子变成飞机。"

"变成一把枪，突突突……打坏人。"

为了让孩子的想象和愿望得以实现，教师和孩子们开展了"袋子变形记"一系列的探索活动，为孩子提供了多种材料，与孩子共同收集各种各样的袋子，并在团讨活动中共同设计袋子如何变形。

（1）围裙

源源和妈妈在家里共同设计了漂亮的围裙，并用环保袋进行改装，看，源源穿上自己制作的围裙，做家务也变得格外开心！

（2）书包

"我的袋子变成书包啦！"孩子们共同设计并合作制作了小书包，看背上自己做的小书包真神气!

（3）手偶

看，袋子还可以变成可爱的手偶，套在手上就可以表演故事啦!

（4）头套

浩浩在教师的帮助下用袋子做了一个头套，引来了小朋友的围观，这个想法真不错! 孩子们都很想试试!

（5）环保服装

神奇的袋子可真百变，那它可以变成漂亮的裙子吗？女孩们用灵巧的小手把这个想法实现了，男孩们也不甘示弱，他们用环保袋制作超人服装，穿在身上可威风了！

（6）发夹

心灵手巧的家长们还想到了用塑料袋做蝴蝶结发夹，小橘子说："用塑料袋做的蝴蝶结比买的漂亮多了呢！看，我们头上的发夹多漂亮啊！"

教师的思考：孩子们的想象力是丰富的、创造力是无穷的。教师要注意观察孩子在眼神里透露出来的兴趣和言行中体现出来的想法，从中寻找有价值的学习内容，并为孩子们提供适宜的材料工具，支持孩子们自发的探究学习活动。

新的问题：通过以上关于袋子的探索，孩子们了解到生活中我们每天都用到很多袋子，那我们的袋子从哪里来，最后又去哪里了呢？

教师的思考：我园秉持"绿色自然，快乐自主"的绿色教育理念，结合当下垃圾分类成为全社会的新热点，全国各城市纷纷颁布并实施新垃圾分类方法的情况下，教师应该把新理念新知识带给孩子们，在孩子们心中种下一颗绿色环保的种子。由此便展开了对袋子的环保性的探索学习活动。

4. 袋子从哪里来，到哪里去

善于观察的孩子分享了他们在生活中的发现：

"奶奶去菜市场买菜带回来很多袋子。"

"我和妈妈去超市买了很多糖果，全都是袋子装的。"

"爸爸给我买的新玩具也是用纸袋装着的。"

……

细心的孩子们发现只要去商店购物就会有袋子。装过垃圾丢进小区垃圾桶的袋子最后去哪里了呢？世界上是不是有一个垃圾王国，存放着人类产生的所有垃圾呢？

带着这样的问题，孩子回到家和父母一起查找资料，寻找答案，教师也准备了关于垃圾回收的视频和照片。

看到照片上堆积成山的垃圾，孩子们很是震惊，他们从父母和教师那里了解到，垃圾常见的处理方式是填埋和焚烧，好奇好问的孩子并不满足于此答案，他们决定动手试一试：把袋子分别进行燃烧和填埋，会怎样呢？

于是，新的科学探索活动产生了。

小实验1：燃烧起来的袋子

"袋子燃烧起来了！"小朋友们兴奋地呼叫，不一会儿大家都捂着鼻子，"看！有烟冒出来啦！"

孩子的发现：袋子虽然烧成了灰烬，却在空气中产生了刺鼻的味道和呛人的浓烟。

小实验2：泥土里的袋子

同时，孩子们还把不同的袋子碎片埋进泥土里，并经过了漫长的观察和记录。

孩子的发现：

"老师，纸袋变黑了。"

"这里面的苹果皮呢？怎么不见了？"

孩子探头往里找环保袋，"唔，真臭呀……"

"找到了，找到了！塑料袋还在这里！"

　　原来，纸袋和环保袋在泥土里会软化、腐烂，并发散出臭味，同时放进泥土的鸡蛋花和水果皮则腐化得只剩下一点点了，而塑料袋却完完整整的没有变化。

　　家长的参与：孩子们对袋子探索的兴趣吸引了家长的参与，浩浩的妈妈在进课堂时带孩子们了解了可怕的白色污染，知道了常见的塑料袋埋在地下要至少过200年才能腐烂，不当的垃圾处理方式已经造成了土壤污染和海洋污染。

　　甘玲的妈妈则给孩子们带来垃圾分类的模型玩具，让孩子们体验了一次垃圾分类的乐趣。孩子们从家长那里了解到塑料袋可以回收，通过现代技术回收再制造成其他生活用品。

孩子的兴趣由此转移到垃圾的分类和回收上，他们在小区里、体育馆里、路边都发现了垃圾桶。

教师在益智区和墙面也投放了垃圾分类的玩教具，总能看见孩子们乐此不疲地操作垃圾分类材料。

孩子的收获：通过两个小实验，孩子们了解到传统的垃圾处理方式——焚烧和填埋，都会污染环境；并对垃圾分类的处理产生了浓厚的兴趣。孩子们俨然担当起了一名环保小卫士，在家里让爸爸妈妈少用塑料袋。

新的问题：孩子们心中环保的热情被点燃，那么，怎样行动起来，减少"白色污染"呢？怎样让更多的人养成环保的习惯呢？

孩子告诉家人带上环保袋去菜市场、去超市采购；在家收集了很多塑料袋进行循环使用……

5. 如何进行环保行动

从探索知识到形成环保意识，再到最后孩子们认为每个人都应该行动起来，为保护环境出一份力。

教师和孩子针对"我们可以怎么做？"开展了团讨活动，孩子们提出很多切实可行的想法：

"我们要少用塑料袋。"

"我奶奶把买菜的袋子拿来装垃圾，不浪费。"

"我们小区也有这四种颜色的垃圾桶。"

"家里的垃圾也要进行分类。"

"塑料垃圾不能丢进海洋，要运到垃圾工厂进行回收处理。"

……

教师非常认可孩子们提出的做法，于是，一场孩子们自认为"拯救垃圾，拯救地球"的行动就这样开始了。

（1）从家人做起

孩子们回到家向家长宣传了"限塑令"，让爷爷奶奶把菜篮子、环保袋、小推车利用起来，每次去超市或买菜时使用自己的袋子装物品，这样就减少了新袋子的使用。

（2）垃圾分类

细心观察的孩子发现在小区、在马路边、在公园、在体育馆……都有全新的垃圾桶，就像发现了新世界一样。于是父母陪着他们把家里的垃圾拿到外面，经过仔细分类后，分别投入四个垃圾桶里。

（3）新年健行中的环保宣传小卫士

孩子提议应该让更多的人知道垃圾分类，孩子们也迫切地想分享他们的"限塑令"活动。恰逢临近新年，幼儿园按照绿色教育活动的惯例每年举行新年健行活动。教师决定利用新年健行活动的契机，和孩子们共同制作宣传海报，在健行活动当天向众多的家长和社会人士宣传。

团讨中，孩子们共同商量宣传的内容，为"限塑令"和"垃圾分类从我做起"制作宣传板的活动要开始了，教师把全班分成6组，由孩子自由组合。

宣传板制作中，孩子挑选喜欢的材料、分工合作。有人提议"我们用拓印把每个人的小手印上去吧。"

终于，期待已久的新年健行到了，来到人头攒动的健行终点，孩子们马上分组行动起来，大胆地向路人进行宣传。

（三）主题结束阶段

"各种各样的袋子"主题探究活动到此告一段落，主题学习虽然结束，但给孩子们带来的欣喜、成长、进步却一直在延续，孩子们绿色环保的意识逐渐加强，行动力也越来越强。孩子们邀请爸爸妈妈来参加他们的主题小结活动，一起感受玩转袋子的乐趣，回顾学习过程的点滴进步。

进行户外亲子游戏"袋鼠跳""揪尾巴"。

展开知识竞答比赛。

开展各种袋子的创意手工活动。

最后的话："各种各样的袋子"探究活动以生活中常见的材料——袋子为题材，以幼儿—教师—家长为共同参与的主体，以问题为导向，教师提供丰富的材料、创造足够的机会引导幼儿自己发现问题、主动思考，分析问题，与人合作解决问题，支持和满足幼儿通过直接感知、实际操作和亲身体验获取经验。孩子们在活动探索中积极主动、认真专注、敢于探索和尝试，乐于想象和创造，形成受益终身的学习态度和能力。

神奇的水（大班）

【主题由来】

3月的下雨天，孩子们被雨水吸引住，对水有着浓厚的兴趣。在去江边健行的活动中，对北江河水也产生了很多疑问和发现。

水是生命之源，水无处不在，世上万物都离不开水。水具有的非结构化的性质可以提供给幼儿富有想象力的探索空间，幼儿都喜欢玩水，对水有着浓厚的兴趣，但对于水的认识仅是一些感性的经验，关于水的特性等知识并不真正了解。基于幼儿对水的浓厚兴趣，我们希望以《神奇的水》主题活动为载体，让幼儿通过科学实验去认识水的多种特性，主动去建构自己的知识。因为大班幼儿的思维特点是以具体形象思维为主，且已具有初步的抽象逻辑思维，所以我们课程的开展注重引导幼儿通过直接感知、亲身体验和实际操作进行科学学习，同时也注重鼓励和支持幼儿在探究中积极动手动脑寻找答案或解决问题。

【主题目标】

《3～6岁儿童学习与发展指南》提出，幼儿科学学习的核心是激发探究兴趣，体验探究过程，发展初步的探究能力，而不是追求知识和技能的掌握。本主题的开展是希望通过一系列有趣的科学实验探究，让幼儿了解"神奇的水"有什么特性；引导幼儿通过观察、比较、操作、实验、记录等方法，学习发现问题、分析问题和解决问题；帮助幼儿不断积累经验，并运用于新的学习活动，形成受益终身的学习态度和能力。

【实施过程】

（一）活动起始阶段

教师带领幼儿开展了一次"探访北江"的实践活动，看幼儿对北江有哪些相关问题？

教师与幼儿在探访北江后展开了一个团讨活动，幼儿讨论关于自己对北江的发现和问题。

教师还鼓励幼儿跟家长在周末去寻找身边各种水资源，回园后进行分享交流，了解了水有各种种类。

在探访北江时，孩子们对水面上漂浮的物体很好奇，船和救生圈、浮标这些东西为什么在水里不会沉？

教师组织幼儿讨论，并尽可能记录下幼儿所说的话。

"河面上为什么有一条'红线'？船为什么会在水面上行驶而不会沉下去呢？"在孩子讨论以及提出问题的基础上，教师以"船为什么能在水面上行驶"这个问题，带领幼儿探究"水的浮力"特性。

（二）活动开展阶段

1.神奇的浮力

"神奇的浮力"小主题活动，为了解答幼儿提出的问题，教师通过探索实验，让幼儿用触感感知水的浮力。幼儿在实验中了解不同物体在水中的沉浮现象，尝试使物体浮起来的不同方法，从而发现影响物体在水中浮沉的因素。幼儿在探索中初步学习两人合作进行实验，并学习记录实验结果。

幼儿在探访北江的时候对北江上的船只十分感兴趣，"为什么船会浮在水面上？"于是回到课室后，幼儿纷纷表示要折纸船，放在水面上看看能不能浮起来？探究纸船为什么可以浮起来？

幼儿用手的触感感知水的浮力，不禁问道："老师老师，为什么会有一股力量在推我的小手？我不用力盆子就会浮起来。好像有一个弹簧把我的手弹起来哦。"

教师把幼儿在探究中的感觉记录下来，帮助幼儿将经验语言化，记住水的浮力带给他们的感受。

什么物体会浮？什么物体不会浮？幼儿通过实验和记录验证自己的猜测。

运用"曹冲称象"的原理，物体的重力等于水的浮力，在游戏中探索小船的最大装货量是多少块积木片，即水的浮力有多大。在探究中，孩子们的热情高涨，一一点数小木片看看小船能装下多少块小木片。

"三八"妇女节到了，幼儿利用水的浮力制作"水中花"送给妈妈。伊伊回园和小朋友分享说："小纸花可神奇了，居然会在水里开花，我妈妈还拍了小视频记录小花开放的过程呢。"

2. 水的浮力作用大

"船和救生圈那些物品可以浮在水面上，全都是因为水的浮力。"幼儿在了解了"水的浮力"后，画出利用水的浮力特性发明的物品。

教师设计了"水的浮力作用大"调查问卷，让幼儿调查发现身边还有哪些利用水的浮力的发明。

孩子们根据自己的调查发现展开团讨，并记录下来。

新的问题：除了去探访北江时看到江面的救生圈、浮标、浮球，叔叔们钓鱼的鱼漂，还有与爸爸妈妈一起查找资料知道的浮桥、潜水艇等，均是利用了水的浮力而发明的。我们还可以利用水的浮力发明什么有用的东西呢？

蔡思懿："这是我发明的水上滑板，可以在水上行走。这是由两块滑板组成的，小朋友站上去也不会摔倒，它还有后视镜和自拍相机。"

新的发现：在一次晨谈的新闻播报中，梁沁泽小朋友播报了飞机事故造成人员死亡的新闻。我们刚好就这个话题展开了想象和讨论，有没有什么发明可以在飞机发生意外时保护人们的东西呢？

泽泽："'水上飞机'即使掉进水里还可以继续行走。"

肖肖："我想发明'水上机器人'，当飞机出现事故时就会去接替开飞机，而且它掉到水里都不会漏电，会把掉进水里的人救起来。"

3. 小水滴的旅行

这个主题是根据幼儿看雨的兴趣而生成的。春季是雨水的季节，孩子们对雨天的态度也分为两种。

喜欢雨天的孩子："我好喜欢下雨！""好喜欢玩水。"

不喜欢雨天的孩子："我不喜欢下雨，因为下雨就不能去户外自主游戏了。""我们已经好多天没有自主游戏了。"

到底孩子们有多少天因为下雨而停止了户外自主游戏呢？教师引导孩子们用月历进行"下雨天统计"。

孩子们的收获：通过绘画的方式表达自己的想法，孩子们知道了别人的想法有时和自己不一样，能倾听和接受别人的意见，不能接受时会说明理由。知道可以通过图表或其他符号记录，用这样的方式探究和解决问题，为自己的想法收集证据。

孩子的问题："为什么会下雨/雨是怎么来的？怎么下的？""落下来的雨

都去哪儿了？"

教师和孩子一起阅读《小水滴的旅行》绘本，了解水循环的知识。

教师带领孩子一起进行实验，探究"水的三态变化"过程。

组织孩子开展"踏雨戏水"体验活动，通过肢体接触亲身感受雨水的性质和玩水的乐趣。

进行"水蒸气不见了"实验。

"水蒸气一下子就不见了！"

"水蒸气去旅行啦！""它还会回来吗？"

"科学造冰霜"的实验活动。利用空气遇冷会凝结的原理，用装了冰块的水杯加盐成功"制造"出冰霜。

"原来冰霜就是空气中旅行的水蒸气哦！"

进行"化冰"实验：冰块怎样能融化得快一点呢？

峻："我们要到有太阳的地方去，让阳光把冰晒融。"

踏雨戏水：探究天空落下的雨会流向哪里？

孩子的收获：通过亲身体验的探究活动，知道了水的三态变化过程以及条件，了解了水循环的知识。在探究中学会发现问题、思考问题、解决问题。

4. 水的渗透性

"你看，水池都装满水了。"

"那些鱼也湿了。"

"野战区也湿了。"

"等一下幼儿园会变成水上乐园了！"

"操场上的雨水都流到下水道了。"

新的问题：下雨时，雨水是怎么不见的呢？

一部分被太阳晒干了，一部分流到下水道了，一部分渗透到泥土里了。

它是怎么渗透的呢？

孩子们在观察雨水和地上的积水。在观察的过程中孩子一个个喃喃自语"水究竟哪里去了"，"是不是藏到地底下了，它是怎么钻进地底下的？"孩子们一边提出疑问一边寻找答案，玩得不亦乐乎。

科学实验《色彩传送带》，让幼儿通过直观的观察探究水的渗透性。

所有的物质都可以让水渗透进去吗？教师带领孩子通过实验寻找答案，并把实验结果记录下来。

5. 世界水日

通过自制标语向社区周边的人们宣传节水、惜水理念。

通过宣传加深对环保理念的认识，初步了解人们生活与自然环境的密切关系，知道珍惜自然资源，保护环境。

孩子们参与为期一周的"节约用水大比拼"活动。有些孩子分享洗澡时间长太浪费水了，为了缩短洗澡时间，他们有很多奇思妙想。

6. 水的溶解能力

峰峰小朋友在家人的帮助下，做了一个关于水的实验，它有个好听的名字叫"彩虹雨"。

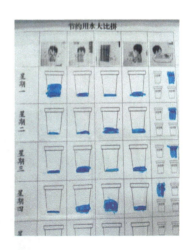

原来这个实验是利用水跟油不相容的原理。

水跟什么物质可以相容呢？或者水可以溶解什么物质呢？教师带领幼儿继续通过实验探究去发现。

孩子们进行"水溶解一些物质"实验并分组做实验记录，通过实验探究各种不同物质的溶解能力。

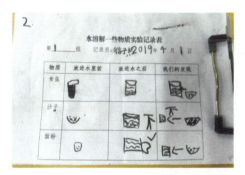

继续通过实验探究是什么因素影响水溶解物质的速度。通过利用教师的手机计时器记录时间，并做实验记录。孩子们在分组探究后尝试概括、分享表达自己的探究结果，教师引导孩子通过记录推理出事物之间的联系。

孩子的收获：教师通过奇妙的实验现象激发幼儿了解感知实验的原理的欲望，一步步地引导幼儿通过实验、记录进行推理，原来能被水溶解的物质，会被其他因素影响它的溶解，如果搅拌水的话，会溶解得更快，如果放进的是热水，物质就会溶解得更快。通过探索实验，幼儿初步感知了常见材料的溶解现象并探索发现影响物体在水中溶解速度的因素。例如，利用水的溶解能力玩的"彩虹摩天轮"实验。

7.神奇的水流

新的发现：在一次沙水区自主游戏中，孩子们在自己建造的"输水工程"中，发现"水是往低处流"的。还有的小朋友发现水可以冲走沙子，但是冲不走石头。

教师对于幼儿自发的观察和发现表示支持和赞赏，并因此生成了"神奇的水流"这一小主题。"水往低处流"是属于水的一种特性，水都是往低处流的，为什么它不往高处流呢？或者怎样才能让它往高处流呢？水流的力量到底有多大呢？

斌斌说："为什么水是往低处流？"在一旁的峰峰小朋友回应说："水就是往低处流的呀，运输水管必须从高向低的地方倾斜。"

在实验"水流控制乒乓球"中，墨墨说："为什么乒乓球可以跟着水流走动？"子瑜回答道："水流是有力量的呀，它可以控制乒乓球的方向。"

观察水流是怎么推动水车转动的，感受水流的力量。蓝蓝说："你看你看，水车转起来了。""当然会转起来啦，因为有水。"柏然说。

为了尝试改变水流的方向，孩子回家后自己动手制作了各种喷泉。

8. 水的容量守恒

水还有什么神奇的特性呢？教师继续引导孩子们通过实验进行探究发现。
通过实验验证自己的猜想。

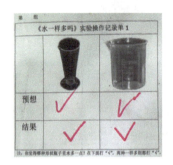

孩子的收获：教师引导幼儿学习用量杯比较的方式，不受形状、数量等
各种因素的影响，感知液体容量的不变性。幼儿在实验中通过观察、比较与分

析，发现并理解水的容量守恒的含义。

9. 水的张力

"水的张力"小主题中，我们通过"硬币装水""回形针在水面"实验让幼儿直观地感受和体验水的张力，通过观察了解及动手实验，探索了解水的表面张力。在"暴走游泳比赛""会动的小纸蛇""逃跑的胡椒粉"实验中，进一步感知水的表面张力，知道水的表面张力会被影响。幼儿在操作的过程中体验探索的乐趣，乐于猜测问题的答案，能用一定的方法验证自己的猜测。对科学实验保持浓厚的兴趣，学会积极思考实验原理。

"硬币装水"实验，雨桐兴奋地说："我们一起来数一数硬币能装多少水吧！"

孩子做的实验记录，通过简单的实验直观地了解"水的张力"。

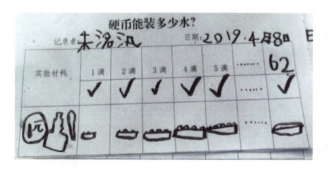

"我要想办法把回形针浮在水面上。"熙峻小朋友通过"回形针浮在水面上"继续感知"水的张力"的神奇。

"你们看，我的小手多神奇呀。只要沾上洗洁精。水面的胡椒粉都'逃跑'啦。"沾上洗洁精的手指破坏了水的张力。

子然："你看你看，我的小鱼可以自由自在地在水里游。"子然利用水的张力的原理，让纸画的小鱼自己游起来了。

（三）活动结束阶段

我们在主题开展过程中体验了许多关于水的有趣实验。"神奇的水"主题探究活动接近尾声的时候，为了让孩子复习巩固这些有关水的特性的知识，与其他班孩子分享主题课程的收获，我们开展了"水的游戏"主题跨班活动。邀请其他班的幼儿参与活动，用丰富多彩的游戏体验活动来激发其他班幼儿的科学探究兴趣，并借此机会激发孩子交往的欲望，提高孩子的语言表达和社会交往能力。

"咦？怎么把小人放进水里眼镜就不见了呢？"瀚瀚在实验主题小结中的小实验是否成功。

孩子们自己绘画设计了游戏说明。

丽丽在向参加实验游戏的小伙伴讲解实验步骤。

峰峰在与小伙伴一起实验"彩虹雨"。

其他班的孩子在专注地体验"硬币装水"实验。

在本主题活动开展过程中，幼儿通过科学实验认识了水的多种特性，还激发了对科学探究活动的兴趣，通过实际操作体验探究过程，体验实验探究和发现的乐趣。各种需要动手操作的实验增强了幼儿的动手能力，发展了初步的探究能力。鼓励幼儿能用一定的方法验证自己的猜测，用多种办法记录观察和探究过程与结果，在与同伴分享交流实验的过程中增强了语言表达能力。分组实验让幼儿学会团结合作、协调分工，发展了社会交往能力。而在课程建构的过程中，幼儿、教师和家长逐渐形成了三位一体的课程共同体，使主题课程在幼儿的兴趣、教师的引导和家长的配合下不断地搭建起来。

北江文化（大班）

【主题由来】

《幼儿园教育指导纲要》指出，幼儿园教育改革应注重开发蕴含本土文化的课程，应对幼儿进行本土的启蒙教育。北江，用母亲的慈爱灌溉着清远大地，哺育着清远的人民。我们生于清远，根在清远，出自清远。我班根据《3～6岁儿童学习与发展指南》，立足本园实际，对北江本土文化教育进行了大胆的探索，设计幼儿喜闻乐见、能够理解的内容，开展各种活动让幼儿充分感受到清远文化的独特风情，引导幼儿积极探索、体验成功，大大激发了其热爱家乡、热爱祖国的情感，让幼儿获得多元、和谐、全面、自主的发展。

【主题目标】

1. 学习疍家人的生活，了解清远是"龙舟之乡"，认识北江的独特风景，提高幼儿的感性经验和知识体系。

2. 到北江写生，开阔幼儿的视野，提高幼儿的观察能力，能有礼貌、大胆地采访钓鱼者，大大提高幼儿的自信心。

3. 能用弹撒的技巧进行创作疍家艇掌握编织技巧，探索疍家艇的制作。

4. 增强环保意识，初步了解人们的生活与自然环境的密切关系，知道尊重和珍惜生命，保护环境。

【实施过程】

（一）活动起始阶段

小朋友和爸爸妈妈自行到北江两岸拍摄最美的一角，教师也带小朋友实地参观北江上的桥、船等，看孩子们对这些东西以及相关主题是否感兴趣。

制作问卷调查表，调查家长和孩子对北江文化有多少了解。

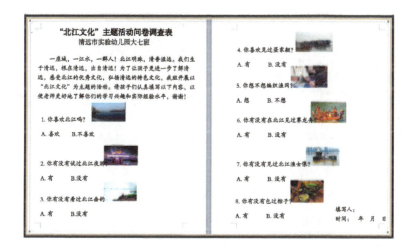

教师还了解到原来北江上还有一群疍家人在北江上打鱼生活，恰巧班上孩子也有是疍家人的。疍家文化也是北江上的诗篇。随之，"北江文化"综合探究活动就开始了……

（二）活动开展阶段

1. 团讨：北江文化知多少

通过幼儿回忆、表达，分享其与主题相关的已有经验，教师捕捉幼儿共同关心的内容或认知冲突点，与幼儿一起明晰想要探讨的问题，同时与家长沟通，吸引家长以自己的方式参与互动。教师在幼儿讨论时记录下幼儿所说的话，在孩子讨论的基础上，初步设计了主题预设内容。

2. 北江风情

教师引导幼儿带着小任务外出参观北江，寻找北江文化的足迹。

第一次外出活动：寻找与发现

第二次外出活动：写生

孩子们充满好奇、感兴趣、探究、寻找、发现、尝试、交流。

在外出参观的过程中，北江上的桥和船引发了小朋友的积极讨论，教师把这些问题记录下来，并把它们贴在教室里。

这些问题有：

幼1：你知道姊妹桥是几桥吗？

幼2：不知道，回家等我问了爸爸妈妈再告诉你！

幼3：我也不知道，我们问问老师吧！

幼：你知道网红桥是哪一座桥吗？

幼1：哎？你说以前没有桥的时候，那些人是怎么过河的啊？

幼2：那还不简单，坐船啊，你看，江上有那么多船。

幼3：是啊，有大船、小船喔。

幼：北江上都有哪些船？

参观北江河后，有小朋友提出问题：北江上有多少座桥？以前船是怎样的？顺应孩子的要求，于是我们开展了"北江的桥""北江的船"两个教学活动。通过观看图片认识北江的桥，让幼儿知道北江各桥的名称。绘画出自己最喜欢的北江桥。同时引导幼儿认识并了解北江上各种形状的船的名字、外形、用途，激发幼儿对船的探究兴趣。

3.蛋家文化

在第二次外出参观北江桥和北江船的时候，老师引导小朋友们观察了一艘和运沙船、观光船不一样的船，小朋友们观察并讨论船的样子：一个半圆形的屋顶，尖尖的船头。突然一位小朋友听到后很激动地说道："我知道这是什么船！这是蛋家艇！我外公也是坐这样的船去捕鱼的！"听到这样的回答，小朋友们的眼里出现了闪闪的光芒。小郭问："那你知道你外公是怎么捕鱼的吗？要带什么工具？好玩吗？"蛋家小外孙说："那我倒不知道，要不，我叫我的妈妈来课室告诉你们吧？"其他小朋友说："好啊，记得喔。"

在朗妈分享的过程中，也有向小朋友展示蛋家人捕鱼的网，小朋友们都跃跃欲试动手编织渔网，但都失败了，于是老师们把编织渔网投放到区域活动中，让孩子们自由地进行小组活动。

幼儿体验疍家人织网，不仅开拓大脑思维，还促进小肌肉群的发展，为进入小学拿笔写字提前做好锻炼。

疍家人的生活还有一个与众不同的独特之处——水上疍家婚礼。而我们也会经常听到小朋友说："我长大了，想要跟×××结婚"，等下我们去音乐区结婚好吗？与5～6岁大班年龄特点：婚姻敏感期相符合，就在上次朗妈课堂讲解了一番疍家文化，小朋友都想感受抢亲的氛围，于是在小朋友的强烈要求下，开展疍家婚礼，让孩子体验疍家婚礼习俗的独特之处。

4. 龙舟文化

　　恰逢一年一度的端午节来临，而赛龙舟是端午节的一项重要习俗，在我国十分流行，而且我们家乡——清远市是"中国龙舟之乡"，特色龙舟是传统三人燕尾龙舟，已经有300多年历史。孩子们通过观看龙舟的外形特征，提出了一些问题：龙舟的船身、船头和船尾是什么形状的？龙舟的船身是用什么制作的？清远的赛龙舟和其他地方的赛龙舟的区别有哪些？我们也能去参加赛龙舟比赛吗？

　　根据幼儿的问题和实际情况，我们开展了一系列的活动……

　　用孩子喜欢的橡皮泥捏造传统的三人燕尾龙舟，孩子们既能互相合作，也能独立表现自己。

　　我们还通过线描画表达出自己对龙舟文化的感受。

小朋友对划龙舟比赛的热情十分高涨，但由于孩子们年龄的原因，不能够真正体验划龙舟比赛的激情。

幼1：我也好想坐在船上划喔。

幼2：这还不简单，我们等下去美工区制作一艘船。

好多小朋友响应了，于是出现一起制作龙舟的过程，做好了，我们出去划划吧，于是老师带着幼儿在幼儿园进行"旱地划龙舟"比赛，感受比赛带来的快乐。

（三）活动结束阶段

开展"北江文化"综合探究活动接近尾声，为了加深孩子们对北江文化的认识，喜欢上我们清远的本土文化，同时也为了检验孩子们对我们北江文化是否有了一定的了解，因此本次的主题小结采用了动静结合的方式结题，"北江大集合"——北江文化知识竞赛、"旱地划龙舟"竞赛以及北江写生作品展的欣赏。

　　在北江风情小主题的学习中，小朋友收获了成长与快乐！能有礼貌、大胆地采访垂钓者，自信心、语言表达能力和社交能力得到提高（语言、社会、健康）。

　　在疍家文化小主题学习中，小朋友能以游戏形式了解疍家人的生活方式，以疍家风情水粉画、编织渔网等方式认识疍家人的习俗。幼儿对疍家文化的知识面和动手能力得到了大大提升（艺术、语言）。

　　在龙舟文化小主题学习中，通过多方面探索龙舟的制作及挖掘深层次的内涵，发展了幼儿动手能力、合作能力、创新思维能力（艺术、语言、社会）。

　　在教学过程中，老师也体会到"授之以鱼不如授之以渔"的重要性，以直接经验为基础，通过直接感知、实际操作和亲身体验引导孩子主动学习。

第二篇

绿色课程

生成活动案例

护牙行动（小班）

【生成活动类型】

生活活动。

【事件描述】

午饭后，玥玥说："昨天妈妈带我去看牙齿了。"小朋友们马上围了过来，看着玥玥。彦潼问："你是不是像小鳄鱼一样不刷牙，所以牙齿生病了？"康康说："不刷牙，小虫虫会把你的牙齿蛀掉哦！"佳灵问："你的牙齿什么时候好呀？"玥玥说："从现在开始我每天都有刷牙了。"康康说："我也有刷牙。"……

【教育价值分析】

玥玥通过自身的经验和同伴们分享，初步知道刷牙的重要性。《3～6岁儿童学习与发展指南》指出，教师要鼓励幼儿根据观察或发现提出值得继续探究的问题，或成人提出有探究意义且能激发幼儿兴趣的问题。为了能更好地让幼儿探究发现的问题，并想办法解决问题，于是，我们生成了本次的活动，让幼儿进一步认识牙齿，知道形成蛀牙的原因，知道吃完甜食后要漱口、刷牙，懂得保护自己的牙齿，培养幼儿养成良好的卫生习惯。

【活动支持】

（一）团讨

老师带着孩子们进行团讨：牙为什么会疼？如何保护牙齿？

"糖果吃多了。"

"每天都不刷牙，不讲卫生。"

"牙齿脏脏的。"

"每天刷牙。"

"吃完东西要漱口。"

通过团讨孩子们总结了牙疼的几个主要原因。

（二）学习活动：保护牙齿

开展"保护牙齿"的活动，用简单的儿歌，教育幼儿用正确的方法刷牙，培养幼儿早、晚刷牙，饭后漱口的良好习惯。老师用牙齿模型，让幼儿认识牙齿，观察比较健康牙齿和蛀牙的区别，使幼儿知道注意牙齿的清洁卫生，保护牙齿。

（三）家长进课堂活动：《小鳄鱼的糖果牙齿》

康康妈妈根据小班小朋友的年龄特点，并结合我们的主题内容，给孩子们带来了绘本故事《小鳄鱼的糖果牙齿》，让孩子们知道吃完甜食后要漱口、刷牙，懂得保护自己的牙齿。

（四）家园共育：护牙行动

在幼儿园，孩子们在餐后积极主动去漱口，还会和同伴们分享自己的护牙心得。孩子们的护牙行为情绪高涨。晚上孩子们回到家会自觉刷牙，我们开展了护牙打卡行动。有的孩子看见其他孩子在群里分享打卡，马上主动要求刷牙。家长通过照片帮孩子记录打卡，并在班群和大家分享，晨谈的时候老师和孩子分享护牙打卡情况。

【活动评价】

教师利用敏锐的洞察力和察觉能力，捕捉到孩子们感兴趣的话题，支持孩子们自发的探究，开展一系列的护牙行动。幼儿通过自身生活经验分析牙痛的原因，观看牙齿模型，认识牙齿，了解健康牙齿和蛀牙的区别。有了以上经验后，幼儿学习正确的刷牙方法，通过体验活动练习刷牙方法。幼儿兴趣浓厚，能积极投入活动中。活动与家园共育结合，邀请家长进课堂开展《小鳄鱼的糖果牙齿》绘本阅读活动，幼儿进一步巩固保护自己的牙齿。最后在护牙行动环节中，通过晨谈分享和护牙打卡两种方式进行，护牙行动缺少了宣传环节，例如，开展保护牙齿的宣传活动，幼儿动手装饰宣传牌，然后在周边宣传，呼吁身边的人每天刷牙，保护牙齿。这样可以让活动更丰满。

泡泡神器（小班）

【生成活动类型】

主题活动。

【事件描述】

在一次主题探究活动中，孩子们利用周末和家长在家制作各种各样的吹泡泡神器。周一回园，孩子们相互分享着款式不一的泡泡神器，并纷纷想要尝试。于是我们和孩子们走到操场，来一场吹泡泡大比拼活动。

孩子们拿着各自的泡泡神器到装有泡泡水的盆里，先浸泡充分，然后拿起来放在嘴边吹了起来，有的小朋友一下就吹出好多泡泡，有的小朋友每次只能吹出一个泡泡，还有的小朋友一吹泡泡就破了，怎样都不成功。有些孩子开始停下来观察其他小伙伴，这时正好看到堂堂吹出很大的一个泡泡，几个孩子目不转睛地盯着那个大泡泡直到它飘远，自动破掉。然后看到老师在旁边就说："老师我也想吹出这么大的泡泡，怎样才能吹出这么大的泡泡呀？"

【教育价值分析】

孩子们对吹泡泡这一活动充满了兴趣，对如何吹出大的泡泡这一问题十分的好奇。《3～6岁儿童学习与发展指南》指出，要充分尊重和保护幼儿的好奇心和学习兴趣，帮助幼儿逐步养成积极主动、认真专注、不怕困难、敢于探究和尝试、乐于想象和创造等良好学习品质。

小班幼儿的动手操作能力增强，他们对吹泡泡已有一定的经验和初步的了解，知道一些基本的制作吹泡泡工具的材料，也能认识生活中基本的几种图形（三角形、四边形、长方形、爱心形等）。基于幼儿的兴趣和经验，教师可把握教育契机，组织幼儿观察、探索发现和操作验证，共同享受探索制作泡泡神器和吹泡泡的乐趣。

【活动支持】

（一）观察比较：泡泡神器的外形特征

教师组织孩子坐在一起观察孩子们在家带回园的吹泡泡神器，分享比较它们之间有什么不同？并尝试说说哪个神器吹出来的泡泡比较大。于是孩子们根据自己的观察自由地发表想法："洞洞比较大的吹出来的泡泡比较大，洞洞比较小的吹出来的泡泡比较小。"接着教师出示了几种不同大小的吹泡泡工具进行两两比较，再引导幼儿仔细观察，并猜测哪个工具吹出来的泡泡比较大。孩子们都能根据自己的观察进行猜测。教师和幼儿一起进行了操作验证，最后得出结论："泡泡神器的洞洞越大，吹出来的泡泡就越大。"

（二）动手操作：制作不同的泡泡神器

团讨过后，教师为幼儿提供了多种操作材料，孩子们根据自己的想法选择不同的材料制作吹泡泡神器，有的选择纸杯，有的选择毛根条和吸管。然后便开始认真地动手操作起来，只见孩子们把毛根条弯曲，两边拧起来制作成圆圆的洞洞，再把连接处插进吸管里，一个简易的吹泡泡工具就制作完成了。孩子们互相向小伙伴展示着自己的泡泡神器，有圆形的、椭圆形的、爱心形的等；还有的小朋友把纸杯的杯子底部掏空，泡泡神器就完成了。孩子们一边展示自己的成果一边说："我的泡泡神器肯定能吹出大大的泡泡。"

（三）验证结果：吹泡泡

泡泡神器都制作好了，为了帮助孩子们验证自己的猜想，教师带领孩子们来到课室门口的空旷场地进行吹泡泡比赛，比一比谁的泡泡神器吹的泡泡大。孩子们都拿着自己的泡泡神器开心地吹了起来，不一会儿，一堆圆圆的、大大的泡泡不断地飘了出来，其他孩子看到在阳光下闪耀飘荡的泡泡就更有动力了，一个两个三个，孩子们都能吹出大大的、圆圆的泡泡来，脸上挂满了开心的笑容。

【活动评价】

在本次活动中，教师扮演的是支持者的角色。教师通过语言引导有意识地培养幼儿仔细观察，根据本班幼儿的猜想结果，提供了不同的材料，支持和鼓励幼儿在探究的过程中积极动手动脑寻找答案。幼儿在猜想、操作和验证的过程中，制作不同形状的吹泡器、探究怎样才能吹出大泡泡，知道了"不同形状的吹泡器可以吹出大小不同的泡泡"这一科学知识，还掌握了自己找材料制作吹泡器的技能，进一步提升了自主探究能力。教师在以后的科学活动中可以让幼儿逐步尝试简单的记录，满足幼儿的兴趣与进一步发展的需求。

给鹌鹑蛋洗澡（小班）

【生成活动类型】

主题活动。

【事件描述】

某天的午点时间，小朋友们正在吃鹌鹑蛋，桐桐突然提出："为什么鹌鹑蛋剥壳后是白白的？"苗苗又问："鹌鹑蛋的壳有这么多点点，能不能洗干净呢？"君君黑溜溜的眼珠子一转，也附和道："能不能洗得像鸡蛋一样皮肤白白的？"同组的小朋友也议论纷纷，有的说可以，有的说不可以。

"老师，水可以洗东西，也可以洗干净鹌鹑蛋吗？"

"老师，我们还有洗手液哦，我觉得加点洗手液就能把鹌鹑蛋洗干净，就像脏脏的小手洗完能变白白一样。"

"老师，洗澡加沐浴露可以洗得白白香香的，我们可以试一下洗鹌鹑蛋啊。"……

【教育价值分析】

　　孩子们在前期的主题活动中探索了蛋宝宝的秘密，现在对"鹌鹑蛋的壳能否洗干净"这个问题非常感兴趣。《3～6岁儿童学习与发展指南》指出，要支持和鼓励幼儿在探究的过程中积极动手动脑寻找答案解决问题。孩子们对洗鹌鹑蛋产生兴趣，有的说直接用水洗，有的说可以加洗手液，还有的说加沐浴露……针对孩子们一系列的猜想，教师抓住教育契机，与孩子们共同探讨、实验，共同寻找答案，帮助孩子在已有经验的基础上自主建立新经验。

【活动支持】

（一）初步尝试

　　教师根据孩子们提出的方法准备了清水、沐浴露和洗手液等材料，让孩子们用棉签给鹌鹑蛋洗澡，可结果并不尽如人意，黑黑的蛋壳并没有任何改变。

（二）查找资料再次尝试

　　经过一次失败以后，教师带领着孩子一起上网查阅资料，得知鹌鹑蛋外壳的黑色斑点是钙质，可以利用食醋去掉。于是，教师去厨房找来了醋给孩子们进行实验。在第二次尝试中，孩子们将洗洁精等材料换成食醋，小心翼翼地用棉签擦了几下，瞧！鹌鹑蛋洗得像鸡蛋一样皮肤白白的了。

【活动评价】

在这次活动中，幼儿能与生活经验进行链接提出疑问，对身边的事物产生探究的欲望。教师及时捕捉孩子们对鹌鹑蛋的兴趣，尊重和倾听幼儿的想法，并提供相应材料，开展了与鹌鹑蛋相关的科学和体验活动，让孩子们在直接感知、亲身体验和实际操作中获得与鹌鹑蛋有关的知识，提高了动手操作能力，满足了他们的探究需求。

有趣的指纹（小班）

【生成活动类型】

区域活动。

【事件描述】

在区域活动时，小朋友们拿起放大镜在四处观察。突然，茵茵说："我的手指有一条一条的线。"家慧看见茵茵用放大镜照着自己的手指，她也学着做并说："我也有。"敬业也跟着说："我的手指上面是一圈一圈的，和你们的不一样。""给我看看。""我也想看！"孩子们你一言我一语地讨论着，我问孩子："你们观察到自己的指纹是一样的吗？"敬业说："好像不一样，大拇哥的指纹是大大的；二拇弟的指纹小一点。"茵茵说："都一样。"这时大家的讨论更加激烈了。

【教育价值分析】

老师倾听了孩子们观察指纹后的对话，判断他们是对自己的指纹产生了好奇，对手指纹路产生了兴趣。当老师问："你们的指纹是一样的吗？"有的孩子说"一样"，有的孩子说"不一样"，说明他们对指纹的认识不多。《3～6岁儿童学习与发展指南》指出，"要充分尊重和保护幼儿的好奇心和学习兴趣，帮助幼儿逐步养成积极主动、认真专注、不怕困难、敢于探究和尝试、乐于想象和创造等良好学习品质"以及"和幼儿一起发现并分享周围新奇、有趣的事物或现象，一起寻找问题的答案"，因此，面对孩子对指纹的好奇，教师应把握教育契机，让孩子深入了解指纹。

【活动支持】

（一）印指纹

每个手指都有指纹，有的孩子说指纹的纹路一样，有的说不一样，到底谁说的对呢？为了让孩子能更加直观地观察发现指纹的不同，教师创设了印指纹的活动，引导孩子用手指沾上颜料拓印在白纸上，通过印在纸上的图案来观察自己的指纹，还可以看看同伴的指纹是怎样的。在操作前教师提醒孩子操作的具体方法：印的时候注意轻轻地，不能移动手指，印完后轻轻地拿起手指并用抹布擦干净。家慧用食指印出了很多个指纹，换了大拇指印后发现："大拇指印出的指纹比较大，线像小山一样。"茵茵说："我的指纹看不见，只有红红的颜料。"敬业说："大拇哥的指纹是圆圆的，二拇哥的指纹也是圆圆的。"欣欣说："这个圆圆的指纹像糖果，它是西瓜味的。""我觉得像樱桃。"小朋友们一边印一边讨论和观察着自己的指纹，并且用语言分享描述着上面的图案。

（二）认识指纹

孩子们在拓印指纹时知道了不同手指有些指纹一样，有些不一样。为了提升幼儿的知识经验，教师利用教室一体机网络收集了关于指纹的图片及名称，引导孩子们认识了三种常见的指纹名称（斗形纹、弓形纹和箕形纹）及纹路特征，并让孩子们对应自己的指纹再仔细观察每个手指的指纹是属于什么类型，加深对三种指纹的认识。同时，教师还简单地向孩子们普及了与指纹相关的生活运用，如指纹识别手机、指纹开锁等，拓展了孩子的知识经验。

（三）手指印画

教师组织孩子开展手指印画活动，结合指纹的元素让孩子发挥想象力，孩子们用手指印出指纹，再添画成不同的图案。有的孩子觉得小手印出圆圆的像樱桃，有的孩子发现围个小圆圈像一朵小花，漂亮极了。活动中，孩子们非常积极地参与，并发挥自己的想象力，创作出各种各样的作品。

【活动评价】

随着科技的现代化发展，指纹给我们的生活带来了很多的方便和帮助。虽然小班的孩子不能理解其中的科学原理，但指纹锁、指纹解锁手机、指纹付费等在日常生活中常见的事物孩子们都有所接触的。教师根据小班孩子的年龄特征，用印指纹的操作方式满足孩子的好奇心，并简单地介绍指纹的特征，使孩子的情感在愉悦中转变为学习的动力，求知欲望得到满足，提升了孩子原有的经验，并对发现的新问题进行有目的地提供材料，支持孩子做手指印画的活动，促进孩子的发展。

停车场的故事（中班）

【生成活动类型】

区域活动。

【事件描述】

随着"车车来啦"主题的深入开展，孩子们对各种各样的车很感兴趣，他们从家里带来自己的玩具爱车，津津乐道地向小伙伴介绍。有一天经过骑行区时，有孩子提出："老师，骑行区的车有停车位，我们在家带来的车没有停车位，好想给我的车一个家（车位）呀。""我们可以在课室做一个停车场吗？"……

【教育价值分析】

《幼儿园教育指导纲要》指出，孩子的教育活动内容要贴近孩子的生活来选择孩子感兴趣的事物和问题。从对话中可以知道，孩子对停车位和停车场是有一定的认知并感兴趣的。孩子提出给车一个停车位的想法，是孩子生活经验的反映和再现。游戏源于儿童的生活，游戏是儿童的生活方式，教师应创设支持孩子的游戏。如果教师能再创设班级停车场，既能满足孩子的愿望，还能丰富"车车来啦"主题的游戏活动，可以让孩子们在游戏中学习遵守停车场规则，促进幼儿与他人交流分享，解决游戏中产生的问题，体验与同伴合作游戏的乐趣。

【活动支持】

（一）小型停车场

回班后，为了满足孩子的愿望，教师在班里创设了一个小型停车场，让孩子们在区域活动时进行游戏。

区域游戏开始了，几个孩子兴奋地拿着自己的爱车来到班里的小型停车场。

之航："我们把车开进去（停车场）吧。"

家恒："好啊，叭叭叭，车车来啦！"

一辆、两辆、三辆，停车场初次开放，就吸引了许多孩子参与，停车场里的车越来越多，甚至爆满了……

在游戏回顾环节，家恒告诉大家："我们的停车场有点小，只能停放小小的车，大的车停进去就压到线了，有些车头或者车尾都到线外面去了。"

老师把家恒提出的问题抛给班里的孩子们。于是，他们七嘴八舌地讨论起来。

陈涵："小的车可以停进去，大的车不停进去就好啦。"

舒涵："我们可以给大的车再做一个停车场。"

黄博："可是我们课室没有位置做大的停车场了啊。"

宇程："走廊有好大的位置呀！"

根据孩子们提出的解决方案，我们投票表决，最终决定再建一个大型的停车场。

（二）大型停车场的落实

"设计停车场"的活动热火朝天地开始了。孩子们发挥自己的无限遐想，设计出一张张精美的停车场设计图。在老师的鼓励下，孩子们大胆地把自己的想法在全班小朋友面前分享。老师综合分析了孩子们的设计图，选取一张画面清晰、合理、富有操作性的设计图，利用课室走廊空位，根据设计图和孩子们使用地标线共同创建了一个大型停车场。

（三）制定停车场的规则

大型停车场的落成，大大提高了孩子们对停车场游戏的兴趣，于是，班级里掀起了新的一轮停车游戏。

孩子们兴奋地把班上的车都抬到走廊上，随着孩子们嘴巴发出滴滴、叭叭、嘟嘟的叫声，各式各样的车进入了停车场……

游戏结束后，垣峥分享了他们今天在大型停车场玩的感觉。

垣峥："我发现有小朋友总是不按照停车场的线来开车。"

宇程："是啊，还压线了。"

羽萱："有些小朋友的车还插队了。"

阅悦："是啊，他们都不遵守交通规则的。"

老师接着说："那请大家想一想，我们的停车场有什么规则？"

在孩子们的一言一语中，停车场的规则慢慢形成了，老师帮助孩子们梳理出停车场的规则：

（1）一个人只能开一辆车进到停车场。

（2）严格按照停车场的箭头行驶车辆。

（3）不能压到线。

（4）车要在地上走，不能在天上飞。

（5）不能插队。

（6）一个车位只能停一辆车。

经过一致举手表决，我们总共定出6条停车场规则，孩子们纷纷表示要互相督促、互相遵守规则。

（四）修建停车场的围墙

随着游戏一段时间后，新的问题又出现了：直接压过或者越过标识线进行停车。虽然大家已经能够基本遵守停车场的规则，但是，规则中的第三条——不能压到线，要完全做到就有点困难了，因为停车场是平面的，有个别孩子只顾看前方，而没看到地面的标识，就直接压过或者越过标识线进行停车。

正当孩子们因新问题的出现开始争吵时，雅涵兴冲冲地说："我们把这个停车场围起来，这样就不会压到线啦！"这个想法得到了在场小伙伴的赞同。那要拿什么东西围起来呢？孩子们陷入了沉思。

看到孩子们一筹莫展，教师启发道："看看我们走廊附近，有什么东西可以用来当作围墙？"

孩子们对走廊附近进行了大搜索，发现小朋友的雨鞋以及建构区里的很多材料都能使用，例如，炭烧积木、叠石、原木积木、泡沫积木、辅助材料（树木、动物、小人）……

孩子们兴奋地从建构区拿取材料，开始在大型停车场上搭建围墙。他们说干就干，齐心协力，你搬我抬。由于已有建构的前期经验，孩子们熟练地使用对称、围合、插接、排列组合、镶嵌等技能，围墙很快便搭建起来了。此刻放眼望去，一个构造丰富、有围墙的大型停车场映入眼帘，孩子们围着停车场高兴地欢呼，为解决了新问题（压线）而感到无比欢快。

（五）大型停车场的分享

延续着昨天的搭建，孩子们再次来到停车场进行细节的完善后，他们开心地告知其他小伙伴，可以"开"着自己的爱车来到停车场休息，沿途还可以看到高耸的楼房、茂密的树木、可爱的小动物以及正在指挥交通的警察叔叔……

【活动评价】

陈鹤琴先生说过："孩子是生来好动的，是以游戏为生命的。对于孩子来说，他们的工作就是游戏。"本案例来源于孩子日常生活中的经验。教师在与孩子的沟通中敏锐地捕捉到了有价值的信息，围绕停车场引发层层递进的探究，让孩子们在游戏过程中观察思考、动手动脑，获得有益的经验，并逐渐提高发现问题、解决问题的能力。

这是一个典型的探究游戏生成活动。在游戏中，孩子们先后遇到了班级停车场太小，有的车停不进去、停车没有规则、怎样才能不压线等问题。这些问题基本来自孩子在游戏的过程中自然产生和自主发现，为了解决这些问题，孩子们进行了团讨、选择新地址、画设计稿、制定规则、寻找合适的搭建材料，经过反复操作、搭建和调整，最后呈现的是丰富、有特色的停车场。

本次活动组织形式是集体教育，全班孩子共同参与，活动中孩子是自发、自主、自由的。教师始终是孩子的支持者和引导者，让孩子自己发现问题，激发孩子的探究欲望。孩子们不断思考、动手尝试，积极寻求解决方法，在分析、思考和验证中获得成功。

小豆芽成长记（中班）

【生成活动类型】

主题活动。

【事件描述】

在"餐桌上的食物"主题活动中，老师带领孩子们认识各种各样的豆子。

突然，田圆指着绿豆兴奋地说："老师，我知道这是绿豆，我姐姐以前种过，它会长成豆芽的！"

芝芝："这硬邦邦的，怎么会长成豆芽呢？"

峰峰："豆芽是什么样子的？"

灵灵："豆芽是长在土里的吗？"

嵩瑞："不！我看过豆芽是长在水里的！"

老师："要不我们试试种豆芽？"

幼儿："耶！好呀！"

【教育价值分析】

《3～6岁儿童学习与发展指南》指出，成人要善于发现和保护幼儿的好奇心，充分利用自然和实际生活机会，引导幼儿通过观察、比较、操作、实验等方法，学习发现问题、分析问题和解决问题。

显然，孩子们对于豆芽充满了好奇心。另外，随着中班孩子的认知、操作能力不断提高，他们往往不满足于老师的告知，更希望能够亲身接触与感知事物。

于是"小豆芽成长记"开始了，旨在通过实验证实、观察对比、记录等多种方式，让孩子们了解豆芽的生长过程；通过探究活动，让孩子们能够根据观察结果提出问题，并大胆猜测与尝试；同时，期望让孩子能够体验种植豆芽的乐趣。

【活动支持】

（一）初次尝试种植豆芽

基于有的孩子说豆芽是长在土里的，有的说是长在水里的，老师提供了泥土、花盆、水盆、绿豆等材料，让孩子们自主尝试把绿豆种在土里和水里。

过了两天，孩子们惊喜万分地跑来告诉老师："埋在土里的小绿豆发芽了！"

老师："那水里的小绿豆有没有变化呢？"

慧源："水里的豆豆变大了一点点，但是没有发芽哦！"

宸宸："看！水变脏了！"

灵灵凑近一闻："我还闻到一股臭味！这豆豆坏掉了！"

峰峰："豆豆是不是被淹死了？"

……

老师："这样吧，请你们今天晚上回家找大人问一问，查一查资料，看看为什么泡在水里的豆豆不发芽。"

面对孩子们对于豆豆是长在土里的还是长在水里的这个问题，老师没有直接给出答案，而是为孩子提供充分的材料，让他们自己去操作与验证。对于土里的豆豆发芽了，他们喜出望外。对于水里的豆豆没有发芽，他们充满了疑问，从对话中可以知道，他们开始把"水臭了"和"发芽失败"联系起来了，于是第二次豆芽水培实验自然而然产生了……

（二）第二次水培豆芽

第二天晨谈活动，孩子们分享自己回家找到的答案。

书圆："我妈妈说，是要泡在水里的，这样是为了让绿豆皮变软，更容易发芽，但是不能泡太久的。"

景轩："泡太久会把豆豆泡坏的。"

老师："那要泡多久才合适呢？"

凌云："我和爸爸查过书本，书上说要泡8到12个小时。"

景轩："泡完后要把水倒掉，但是又要保持绿豆一直是湿润的。"

老师："有什么办法可以让它们一直保持湿润的？"

凌云："可以在绿豆底下垫一条湿毛巾。"

景轩："还要早晚浇水。"

第二天一回园，他们就迫不及待地去观察豆豆的变化。

灵灵："豆豆破皮了。"

田圆："豆豆原来的衣服穿不下了，还露出了白白胖胖的肚子。"

宸宸："我发现有一些小豆豆长出了小小的尾巴。"

老师："那尾巴是什么呢？"

幼儿："是豆豆的芽！耶！它们发芽了！"

正当孩子们兴高采烈时，宸宸提出了一个问题："老师，我看到菜市场卖菜的叔叔阿姨会用毛巾盖住豆芽，这是为什么呢？"

灵灵："我知道，盖了毛巾那些水就跑不掉了！"

峰峰："盖上毛巾豆豆会不会呼吸不了了？"

老师："我也不知道盖毛巾的原因，不如我们来做实验吧！一组是盖毛巾的豆豆，一组是不盖毛巾的豆豆，看看它们有什么不一样。"

幼儿："好啊！"

经过第一次水培豆芽失败后，孩子们回家找到了失败原因，并且还积极地进行第二次种植。在此过程中，孩子们能主动寻找答案、踊跃分享、积极参与，并能够仔细观察，敏锐地发现豆芽的细微变化（变大了、破皮了、发小芽了），还能用绘画的方式记录自己的发现。

当宸宸提出盖毛巾的问题时，孩子们有自己的猜想，那真正的答案是什么呢？老师适当示弱，说不知道，让孩子自己去验证。此时，孩子们的探究欲望越燃越烈……

（三）对比实验

"为什么要给豆豆盖上毛巾"引起了孩子们的好奇，老师鼓励孩子们自主分成"盖毛巾"与"不盖毛巾"两组实验小分队，通过操作、观察、对比来探究"盖毛巾"的作用。

第一天，盖毛巾组与不盖毛巾组的豆芽都有继续长大，但是没有什么明显区别。

第二天，盖毛巾组比不盖毛巾组的豆芽长得高，而且颜色也有所不同。

老师："小朋友们，你们发现盖毛巾的豆芽与不盖毛巾的豆芽有什么不一样的地方呢？"

心月："盖毛巾的比不盖毛巾的要长得高！"

霖霖："盖毛巾的豆芽是黄色的，不盖毛巾的豆芽是绿色的。"

思岚："盖毛巾的豆芽是粗粗的，不盖毛巾的豆芽是细细的。"

芝芝拿起小豆芽，摸了摸："盖毛巾的摸起来脆嫩脆嫩的，不盖毛巾的干干硬硬的。"

老师："湿毛巾为什么会有这些神奇的作用，让两组豆芽变得不一样呢？"

孩子们都安静了下来，似乎都在思考这个问题。

老师："那让我们一起上网搜索资料看看吧！"

经过网上搜索，孩子们了解到盖湿毛巾对豆芽成长的作用：①增加重量，使豆芽长得又粗又壮。②保持湿润，可以长得更脆嫩。③避光，不然会光合作用，长得绿绿的。

《3～6岁儿童学习与发展指南》指出，幼儿的科学学习是在探究具体事物和解决实际问题中，尝试发现事物间的异同和联系的过程。面对孩子"盖毛巾"的疑惑，老师采取先探究、再支持的策略。既让孩子得到了大胆猜测、亲身验证的机会，又让孩子获得了更直观更难忘的知识经验。

（四）豆豆变红了

水培豆芽的实验已经来到第五天了，孩子们的兴趣丝毫没有减弱，看着茁壮成长的豆芽兴奋极了。

此时，沅祉观察豆芽后发现了一个问题："为什么有一些豆芽是红色的？"这个问题引起了孩子们的注意："对哦！我们平时吃的豆芽都是白白黄黄的，可没有红色的呀！"孩子们纷纷议论起来……

面对孩子们的疑惑，老师在网上找来了正确种植豆芽的步骤图，引导孩子们仔细观察，找出豆芽出现红色的原因：浸泡豆豆8小时—把豆豆放在湿润的毛巾上—避光，放在阴暗的地方—每天早晚浇水。

幼儿发现："我们没有放在阴暗的地方！"

老师："原来在发芽的过程中一定要避光，不然它会发生氧化反应，产生红色，吃起来味道是苦的。"

芝芝："我看见长大的豆芽从毛巾里面钻出来了，所以变成红色了！"

老师："那我们怎样才可以让豆芽避光呢？"

奕泽："把它放在箱子里。"

靖天："把它放在柜子里。"

田圆："拿更大的毛巾盖住它。"

芝芝："把它套在黑色袋子里。"

孩子们各抒己见，为了让每个孩子都能验证自己的办法是否有效，老师给孩子们布置了一个小任务：回家尝试种植豆芽。

在种植豆芽的过程中，孩子们一直保持着较高兴趣的状态。他们能敏锐地发现"豆芽出现红色"，并大胆地提出问题。老师此时没有直接给出答案，而是和孩子们一起观看"种植豆芽的步骤图"，引导他们通过对比，发现问题产生的原因。同时，在对比的过程中，很好地帮助他们总结种植豆芽的相关经验。找到原因后，老师还鼓励孩子们回家亲手种植豆芽，使他们的经验得到更进一步提升，并更深刻地体验到成功的喜悦。

【活动评价】

"绿豆是怎样变成豆芽的"这个问题引发孩子们进行了一系列科学探究活动。当孩子们遇到问题（水里的豆豆为什么不发芽），他们积极思考，通过回家问家长、上网查资料、查阅书本等方式寻找答案；当他们产生疑惑时（为什么豆芽要盖毛巾），他们大胆猜测，并通过实验、观察、对比去解决问题；当他们产生好奇时（豆豆为什么变红了），他们通过与正确种植步骤图对比，很快找到原因，并积极调整、不断尝试。最终，他们亲手育出了健康苗壮的豆芽。

孩子们在活动中是认真、专注、坚持、不言败的，他们在探索中是感到兴奋、成功与满足的。他们知道了绿豆可以发芽，了解了豆芽的生长过程，掌握了种植豆芽的相关知识，观察能力、动手能力得到了一定的发展，并体验到种植的乐趣，对生命的意义也有了新的认识。

老师在此活动中，紧跟孩子的兴趣与需求，及时抓住了有教育价值的契机，引导孩子成功地种植了豆芽。当孩子出现问题时，教师不是简单地回复、直接答疑，而是在尊重、支持的心理氛围中，用认真关注、真诚肯定、启发引导、提供充分材料、寻求家园合作等方式放手让孩子亲身体验、勇于尝试、自主探究、快乐获取知识经验。

车车来啦（中班）

【 生成活动类型 】

主题活动。

【 事件描述 】

还有两天就到我园每月22日的绿色出行日了，老师制定了绿色出行人数记录表，在记录表上画了汽车、公共汽车、电动车、自行车和步行的卡通图，告诉孩子们在绿色出行日当天有参与绿色出行的可以在出行记录表上粘贴自己的出行方式，鼓励孩子们积极参与绿色出行活动。

悦悦："为什么没有摩托车？"

轩轩："摩托车不行的，摩托车有尾气，那些尾气有毒的。"

涵涵："汽车和公交车也有尾气啊！"

轩轩："公交车可以坐很多人。"

悦悦："电动车和摩托车是一样的啊！"

千千："老师，什么是拼车？"

……

【教育价值分析】

《幼儿园教育指导纲要》指出，幼儿的教育活动内容的选择要贴近幼儿的生活，选择幼儿感兴趣的事物和问题。

绿色出行的话题激发了孩子们对各种车的探究兴趣，他们对绿色出行的方式也产生了一些疑问，每个孩子都有不同的问题与想法。老师应该给予相应的支持与引导。可以通过观察对比、体验探究、记录等多种方式，让孩子们熟悉各种车的基本构造，知道车的部位名称和作用；初步感知车与自己生活的关系，拓展孩子们的生活经验；知道车既有利也有弊，初步萌发保护环境、爱护地球的环保意识。

【活动支持】

（一）车车大探究

3～6岁的孩子以直观形象思维为主，为了能让孩子们进行直观体验，老师根据我园每月22日绿色出行方式的要求，将自行车、电动车、小汽车和摩托车几种车开进幼儿园让孩子们近距离接触。誉誉惊喜地和旁边的小伙伴说："这是真的，老师居然把真的车开来给我们看啊！"

　　首先，让孩子们自由观察与体验，孩子们好奇地左看看右看看，左摸摸右摸摸，兴奋极了！有的孩子对自行车的踏板和车轮感兴趣，在不停地转动着；有的把汽车车门打开，坐在驾驶位上有模有样地摸着方向盘；还有的对摩托车感兴趣，请求老师把他们抱上车去，还戴上了头盔学着摩托车的声音"呜呜呜"。突然，铮铮在旁边指着摩托车对他的小伙伴说："这里是油箱，油到这里会变成烟，然后就会从这里排出来。"老师请他与小朋友再次介绍一遍，他侧过身指着后车轮旁边的烟囱头头是道地说着。为了验证铮铮说的话，老师骑上摩托车开动了起来，孩子们发现摩托车烟囱真的有烟气排出来。接着，老师把现场的车都启动一遍，孩子们观察发现用油的车会排出尾气，电动车是用电的不会有尾气，自行车是用脚踏转动车轮，所以也不会有尾气。

　　孩子们通过直接观察收获了知识经验，了解了各种车开动时发出的声音，还知道了自行车、电动车是环保车，而小汽车、摩托车会排出尾气，污染环境。

（二）什么是拼车

　　"小汽车和公交车会排出尾气，也会污染环境啊。"

　　"为什么小汽车和公交车也算是绿色出行？"

　　"老师，什么是拼车？"

　　孩子们又有新的疑问，于是老师针对孩子们提出的问题进行团讨，通过团讨和讲解，结合绘画的形式让孩子理解什么是拼车以及拼车的意义，解答了孩子们关于"拼车"的疑问。

（三）观察小汽车

在进行团讨时，老师发现孩子对小汽车非常感兴趣，为了继续追随孩子的兴趣，老师再次把小汽车开进园，让孩子们详细地观察，满足他们对汽车的探究欲望。观察以后，老师让孩子们把自己最喜欢的汽车部位或者零件画下来，在画的过程中，孩子们初步了解了汽车的基本构造，并能简单地说出汽车不同部位的名称，收获了更多关于小汽车的科学知识。

（四）洗车啦

孩子们在观察小汽车时，坐到座位上体验，把老师的车踩得脏脏的，老师脸上露出苦恼的神情问道："怎么办呢？汽车弄脏了。"很快便有孩子提出要把车洗干净。于是，老师让孩子们在班上找了一些毛巾、小水桶等工具，开始了洗车的活动。

"老师，我不够高，擦不到车顶。"

"这条缝缝好难擦呀。"

"洗车好累啊。"

"洗车房的叔叔是怎样洗车的呢？"

根据孩子们的问题，老师带着他们来到幼儿园旁边的洗车店，通过直观观察洗车的工具和步骤，让孩子们了解洗车技能和洗车行业的辛苦。之后，孩子们利用周一的劳动日，将学到的洗车本领给骑行区的自行车来了一个深度清洁。

（五）不同的车牌

"我家里的小汽车是绿色车牌的，老师的车是蓝色车牌的。"在初次观察不同的车时，孩子们已经初步了解到不同类型的车，其车牌颜色是不同的。小小的车牌又隐藏什么知识呢？老师带着孩子来到幼儿园的停车场探索小汽车的车牌，发现有新能源绿色车牌和私家车蓝色车牌，还有细心的孩子注意到绿色车牌有6位数，而蓝色车牌只有5位数。带着这个问题，老师与孩子回到教室又与孩子展开了团讨，经过网上查询发现，原来是为了避免与普通汽车号"重号"，所以新能源汽车号码比普通车牌增加了一位，以绿色为主色调，绿色是环保的寓意。

（六）设计车牌

马路上的各种车都有车牌，有孩子就提出了："我们骑行区的车还没有车牌。"于是，老师提供了纸和黏土让孩子设计、制作车牌，制作完成后，孩子们亲手为自行车挂上车牌，他们感到好开心呀，因为骑行区的自行车终于有属于自己的车牌啦！

（七）世界无车日

9月22日是"世界无车日"，也是我园的"绿色出行日"，为了结合主题践行我园"绿色出行，低碳环保"的环保理念，我们开展了"无车日的由来""车车大玩具""无车日宣传海报""我是小小宣传员"等活动。

孩子们通过视频、图片的形式知道了"世界无车日"的日期和含义，和伙伴合作绘制"无车日"宣传海报，并化身小小宣传员，向园长、老师、家长和小朋友们宣传"无车日"的绿色环保理念。

【活动评价】

幼儿在活动中，通过观察、体验、交流、团讨和表达，对"绿色出行"有了深入的理解，初步萌发了保护环境、爱护地球的环保意识。同时，还提升了语言表达、动手操作和解决问题的能力。教师在开设主题活动的过程中，能时刻地关注幼儿，追随幼儿的兴趣，生成一系列的活动，满足幼儿的探究欲望，支持幼儿的学习与发展，很好地成为孩子活动的支持者、合作者以及引导者。

小司机考驾证（中班）

【生成活动类型】

自主游戏活动。

【事件描述】

在我们开展"车车来啦"主题活动的过程中，孩子们对大人们的驾驶证产生浓厚的兴趣和好奇心。回到幼儿园，大家非常积极，热烈地讨论、分享昨天观察、认识到的驾驶证，一副意犹未尽的样子，老师便和孩子们讨论起来。

老师："你们对爸爸妈妈的驾驶证都那么喜欢，知道它们是怎么来的吗？"

浩铭："爸爸昨天告诉我，他的驾驶证是要通过考试才可以拿到的。"

哲萱："对，我妈妈说驾驶证考试很难考的，她的驾驶证考了两次才拿到。"

老师："那你们想不想也参加驾驶证考试，拿到属于自己的驾驶证呢？"

郎朗："想，可以像爸爸妈妈一样拿着驾驶证开车太好了！"

梓懿："小朋友不可以考的！"

哲楷："我们在幼儿园考试吗？"

奢奢："我们要怎么考试啊。"

【教育价值分析】

生活经验在孩子的学习和活动中不断丰富和迁移，他们的学习随时发生，他们也总是对身边的事情充满了好奇心与探索欲望。从孩子们的讨论中可以发现，孩子对如何考取驾驶证产生了兴趣，于是，老师抓住孩子们的兴趣，生成了"小司机考驾驶证"体验活动，让孩子们在活动中认识考驾驶证的三个科目流程内容，学会在骑行区道路上骑车时按路线正确地行驶，并在考驾驶证游戏中，体验小司机角色带来的快乐。

【活动支持】

（一）考试科目

1. 考察三个路段

教师根据幼儿在园内的骑行区活动和已开展的交通安全课程，结合骑行区的骑行规则和中班孩子的年龄特征，设计了幼儿园骑行区驾照考试的三个科目。

科目一：安全理论知识的学习。

科目二：开车入库、掉头、坡道行驶。

科目三：路试。

2. 学习与讨论

教师组织小朋友围绕骑行区驾驶证指引单进行学习和讨论。

老师："你们观察一下这张指引单里面有什么？"

恩迪："有禁止标志。"

昊泽："有骑行区的自行车车。"

老师："这张指引单里一共三个格子，分别是科目一安全理论知识、科目二开车入库、掉头、坡道行驶，科目三路试。"

晴晴："老师，后面空白的格子是什么？"

老师："小格子是给小考官打分的地方，你考试合格了，小考官就可以在空格里画上勾勾。"

罗立："我要当小考官。"

博皓："我也要当！"

孩子们都抢着要当驾驶证的小考官，于

是，老师给小朋友每人一个小爱心进行投票，获得爱心票数最多的就担任小考官。

（二）科目练习

孩子们利用自主游戏及户外活动的时间进行自主练习，经过一段时间的实地练习后，不但加深了对三个考试科目流程的了解，还增强了对骑行区的骑行规则的认识。

（三）驾驶证考试开始

驾驶证考试正式开始啦，孩子们热情高涨，拿着驾驶证指引单迫不及待地往骑行区去参加各科目的考试。

在驾驶证的考场边上，有几个小朋友拿着指引单聊了起来。

眷眷："怎么办，我的单上全是交叉。"

超超："我的单上也有交叉，我掉头时速度太快了。"

眷眷："你说考官为什么这么快就给我一个交叉，我现在很生气。"

超超："因为我们考试不及格。"

奢奢："那我们怎么拿驾驶证。"

超超："上次哲萱说过她妈妈考了两次才考过的，很难考。"

奢奢："那我们也可以考第二次吗？这次我肯定很认真，要控制好速度。"

于是，老师统计好第一轮考试不及格的幼儿，让他们进行补考。参加补考的幼儿这一次比之前更加认真了，一边骑车一边和自己说要小心点。

（四）拿到属于自己的驾驶证

考试完毕后，孩子们回到班上，教师给考试及格的幼儿颁发驾驶证。

拿到驾驶证后，孩子们每一次参加骑行区自主游戏时，都会拿着属于自己的驾驶证，正式有证驾驶，并按照驾驶证规则去开展骑行区的活动。

【活动评价】

《3~6岁儿童学习与发展指南》指出，幼儿的学习是以直接经验为基础，在游戏日常生活中进行的。老师要珍视游戏和生活的独特价值，创设丰富的教育环境。在本次的小司机考驾驶证游戏活动中，老师充分利用本园骑行区环境资源，结合骑行区的规则和中班孩子的年龄特点，根据幼儿在骑行区已有的游戏经验，设计丰富有趣的考驾驶证活动，最大限度地支持和满足幼儿实际操作和亲身体验获取经验的需要。

《幼儿园教育指导纲要》提出，善于发现幼儿感兴趣的事物、游戏和偶发事件中隐含的教育价值，把握时机，积极引导。老师在小司机考驾驶证的游戏活动中，抓住了伴随游戏过程中出现的教育契机，比如在小司机第一次考试不合格，两个孩子的"不经意"聊天，看似"不经意"，却蕴含着教育的价值，教师作为引导者和支持者，马上以适应的策略进行引导，临时加上了补考驾驶证的环节，鼓励考试失败的孩子尝试第二次考试，引导孩子注意调整速度，关注到不同发展水平的幼儿，让每一位幼儿都感受经过努力获得的成就感。

通过"考驾驶证"游戏，孩子们在玩的过程中巩固了骑行区的游戏规则，同时更直观地了解了日常生活中的交通规则，会规范自己的行为习惯，做到安全文明出行。

幼儿园搭建记（中班）

【生成活动类型】

自主游戏活动。

【事件描述】

今天自主游戏的建构区热闹非凡，孩子们在搭建着我们美丽的幼儿园。几个小男孩正商量着分工的问题，在大家的一致赞同声中，男孩们明确了分工，其霖负责拿积木，元睿负责搭外围，苛哲和家恒负责中庭，昭阳负责细节搭建……分好工后孩子们迅速投入搭建中。

但是搭建期间发生了一个小插曲：苛哲搭建保安亭时被家恒指出位置有误，家恒的意见得到了宇程的认可，苛哲看着信心满满的两个小伙伴，依然坚定自己摆得没有错，几个小男孩陷入了困惑与纠结……

【教育价值分析】

从小班起孩子们就经常参与建构游戏，到了中班下学期，他们的建构能力逐渐提高，从基本独立的平行游戏开始逐渐发展到具有与同伴互动和协作行为的合作游戏。建构技能方面也从使用平铺、垒高等简单重复的动作发展到了能够使用架空、镶嵌等较为复杂的建构技能。此时的孩子已开始能够通过一些简单的分工合作有目的地计划并共同搭建具有一定意义的建构物。

除了建构能力，中班孩子已基本了解幼儿园各个建筑的外形，能用自己的语言大致说出幼儿园不同建筑所在的位置，对幼儿园的建筑布局具有一定的方位知识经验。

【活动支持】

（一）我们的幼儿园平面图

1.建筑方位如何定

老师观察到孩子们突然停止了游戏，上前询问发现孩子对于搭建幼儿园各建筑物有方位上的意见分歧，于是提出了建议：我们可以一起制作一张幼儿园的平面图，确定各处建筑所在的位置，再按照平面图进行搭建。

听取了老师的建议，孩子们决定将不同的建筑运用画、剪、贴制作成一张大型的幼儿园平面图。宇程表示他来画大门口，元睿自告奋勇要画操场，阅悦则选择画追龙……分好工后，大家马上行动起来，不一会儿，各处建筑都画好了。孩子们从大门口开始，一步一步地贴上画好的建筑。

此时，一个新的问题又出现了——我们如何确定这张平面图各处的位置都是正确的呢？孩子们纷纷表示："我们可以带上平面图在幼儿园逛一圈，用眼睛看一看，比一比位置对不对。"

2.实地观察，确认方位

老师与孩子们带着平面图来到幼儿园的大门口。从门口开始沿着花草园、涂鸦区、野战区来到操场上，通过实地观察与对比，一同确认平面图上不同区域的位置是否正确，完善我们的幼儿园平面图。

（二）幼儿园搭建开始啦

调整制作完平面图后，孩子们带上平面图来到建构区，贴在建构区作为参考开始重新搭建幼儿园。有了平面图的支持，孩子们的搭建目标更明确了，很快便分好工。

宇程找来各种各样的积木，长方块的、拱形的、圆柱形的……为搭建外围围墙的大家提供建筑材料，元睿则在前头与别的孩子一同用积木整齐地排列搭建中庭与大门口。

孩子们分工合作，围墙、大门口与中庭很快便搭建完成了。接下来需要搭建哪里呢？昭阳发现，穿过中庭来到操场的位置，最显眼的便是分别建立在操场左右两边的追龙与滑滑梯，于是开始寻找积木搭建追龙。

（三）追龙的搭建

1. 追龙初现雏形

此时，宇程发现昭阳正在搭建的追龙需要用到圆柱木块作为支撑，于是开始寻找更多的圆柱积木，这时，他发现元睿的手中也有两根圆柱积木，向元睿要来了一根，元睿似乎想知道自己的积木去向何方，便跟上前去，加入搭建追龙的行列中。

老师发现了这座拔地而起的新建筑，上前询问孩子们搭建的是什么，孩子

回答是幼儿园的一座大型运动器械——追龙，听到答案后老师不禁鼓起手掌，竖起了大拇指，发出了"好棒啊！"的惊叹，并运用横向晃动的手势鼓励引导孩子们在此基础上继续横铺木板，完善追龙上方平台的搭建。

2. 追龙的倒塌与重建

更多的孩子加入追龙的搭建中，元睿拿到了其霖递来的一叠方形小木块，将它们放到了一根较矮的支撑圆柱旁。在元睿尝试新支撑过程中，昭阳想要移动一根木柱调整位置，却导致追龙倒塌，他不好意思地看了元睿一眼，元睿对追龙的倒塌产生了点小情绪，皱着眉头气恼地说："干吗喔！"昭阳有些难为情，轻轻地说了句"对不起"。

虽然有点生气，但元睿还是很快调整好了自己的情绪，拿起了木板开始重新搭建追龙，他拿起一块长方形木板想搭在两根支撑柱上面，发现不够长，于是在两根支撑柱中间又加了一根圆柱。昭阳看见元睿在重新搭建追龙，也再次加入与元睿的合作中，帮忙调整着短支撑柱的位置，元睿则将搭建的木板与长支撑柱连接起来，于是，在他们的合作中，追龙的第二层斜坡搭建成功。

3. 滑梯追龙方位风波

老师发现孩子们搭建的追龙与滑滑梯的方位有误，于是上前询问："刚刚有小朋友过来合作，你们搭建了什么呀？"

几个孩子同声说道："追龙。"

老师接着问："还有呢？"

孩子们："还有滑滑梯和升旗台。"

老师随即追问："哪里是追龙呀？"

孩子们伸出了小手指向了右边。

老师继续提出："那滑滑梯是在哪边？"

此时，宇程敏锐地发现追龙与滑滑梯的位置有误，伸出了小手大声地给大家比画："我们的追龙是在拿碗的这只手这里，然后滑滑梯是在我们拿勺子这边的，不信你们去看一下。"老师让宇程带大家一同观察幼儿园追龙与滑梯的实际位置，孩子们都走到了阳台旁，踮起小脚仰着头，伸出小手比画滑滑梯与追龙的位置，在老师与孩子一致的手势和肯定的声音中，孩子们确认了追龙是在正对大门的左手边，而滑滑梯应该在右手边。

回到搭建场地，老师提问："我们需要怎样去调整呢？"得到贝贝的回答后，老师复述了贝贝提出的建议并询问孩子们的意见："我们要把它（追龙）拆了，把追龙移过去那边，再把滑滑梯移过来这边，两边交换，对不对？"得到大家的一致点头同意后，随着老师一声令下："请小朋友们出发！"这个"小建筑工程队"重整旗鼓投入新一轮的幼儿园搭建中。

（四）幼儿园搭建完工啦

确定了滑滑梯与追龙所处的正确方位，孩子们井然有序地开展着滑滑梯与追龙的重建工程，其霖负责搬运推倒的积木，宇程与元睿负责重建追龙，贝贝和靖然则帮忙重建滑滑梯。在孩子们的共同努力下，一座美丽的积木幼儿园搭建成功。

【活动评价】

本次游戏是在开展建构区游戏时幼儿的自主交流中发生的,《3～6岁儿童学习与发展指南》指出,4～5岁幼儿能感知物体的形体结构特征,画出或拼搭出该物体的造型;运用不同方位词描述物体的位置和运动方向。儿童空间感的发展不仅有助于他们理解自己所处的空间世界,还有利于学习数学的其他内容。

(一)适宜介入,启发幼儿解决问题

在搭建的过程中,幼儿从产生意见分歧到共同合作,从方位的错误到调整,遇到了种种问题。教师在一旁进行观察,并没有打断或者打扰幼儿的思路,而是在真正发现问题存在时以启发式的引导让幼儿发现问题所在,积极思考,联系实际生活经验寻找解决问题的方法,从而解决问题。

(二)幼儿在解决问题的过程中得到发展

普通的积木让幼儿玩出了新的花样,他们能够运用平铺、垒高、架空、组合等技能创造性地搭建幼儿园的一角,提升了建构技能;当幼儿比较不同建筑的空间方位时,他们学习着测量技能;当幼儿根据幼儿园物体特征进行按类别拿取积木时,他们在学习着统计技能;当幼儿在摆弄着熟悉的方位以及其他空间术语时,他们提高了语言表达能力。

(三)下一步的支持和设想

(1)提供充足的游戏时间与空间。

(2)引导幼儿学习方位识别。

（3）提升幼儿建构能力。

（4）提供更多同伴交往机会。

陈鹤琴先生曾说："孩子是生来好动的，是以游戏为生命的。"自主游戏有益于幼儿身心的全面发展，教师应作为幼儿游戏中的支持者、合作者及引导者，将游戏的主动权交给幼儿，让幼儿在游戏中成长，拥有一个属于自己的快乐童年！

迷宫（大班）

【生成活动类型】

自主游戏活动。

【事件描述】

在区域活动计划时间，老师发现一个男孩子很专注地在画本上画着错综复杂的线条，两边的小伙伴也在认真地旁观着。

老师："宏宏，你在画什么呢？"

宏宏："我在画迷宫，难道您看不出来吗？"

老师："经过你提醒我看懂了，只是没想到你这么厉害居然自己会画迷宫！"

宏宏："对啊，因为我经常看迷宫书的，看，这条路是上面的，下面的这条从这条路穿过去，但是我画错了……"

说着，宏宏手指着画面告诉我哪条路线是交错的，哪条是弯曲的，哪里是终点。好几个孩子听到了也纷纷走过来发表想法："我也喜欢迷宫，我家里也有很多迷宫书。""但是我不会自己画"……

第二天，大部分的孩子都在画着迷宫……

【教育价值分析】

迷宫游戏可以启发幼儿的思维发展，大班幼儿的思维特点以具体形象思维为主，但已出现了抽象逻辑思维的萌芽。因此，大班下学期的幼儿很喜欢玩一些具有一定难度的、需要运用思维推理能力的游戏，而迷宫正是本班幼儿最近喜爱的一种游戏。《3～6岁儿童学习与发展指南》中提到，幼儿数学领域的发展目标之一是"感知形状与空间关系"，"能感知物体的形体结构特征，画出或拼搭出该物体的造型"。根据本班幼儿对迷宫的浓厚兴趣，老师及时抓住教育契机，用适合的方式开展迷宫游戏，以提升幼儿的专注度、观察力、空间想象力和问题解决的能力。

【活动支持】

（一）建构相关经验

1. 集体活动：迷宫知多少

利用图例讲解，师幼一起讨论：迷宫的特点是什么？常见迷宫的分类、迷宫包括什么、迷宫的走法等。通过团讨和讲解帮助幼儿梳理已有的经验、提升关于迷宫的知识经验，同时使幼儿对迷宫的探究兴趣更浓厚。

2. 材料投放：迷宫书籍

收集迷宫类的书籍投放在班级阅读区，幼儿可以利用餐后等空闲时间阅读、思考、尝试，他们需要对整幅图进行仔细的观察才能顺利完成迷宫，所以幼儿不断在阅读迷宫书籍的过程中获得更多关于迷宫的知识经验，还能很好地提升专注度。

（二）经验内化与表征

1. 区域活动

单纯地走迷宫已经满足不了幼儿，他们表示想要自己设计迷宫，所以我们利用室内建构区引导幼儿结合"迷宫"主题进行搭建。

　　幼儿在区域活动中结合游戏计划和回顾，将已获得的经验表征、表达、再提升、内化。之前只是看迷宫书，玩迷宫，现在幼儿需要自己搭建迷宫，他们首先在计划本上利用绘画的形式绘画出迷宫的建构计划图，再根据计划搭建对应的迷宫图进行相对的搭建。在搭建过程中幼儿进行观察、想象和操作，可以极大地增强他们的空间想象能力。

　　作品完成后，我们拍照记录作为展示，让幼儿在班级里互相欣赏评价和交流学习。如果时间允许，师幼会一起围圈分享，请个别幼儿体验小伙伴搭建的迷宫，以验证迷宫搭建的难度；教师则通过示范、启发，引导幼儿学习如何回顾自己的搭建过程。比如怎么把迷宫搭建得更具复杂性和迷惑性，再比如迷宫里都有很多坑，走着走着就进坑了，这个时候就需要怎么逃出坑外，无形中提升了孩子解决问题的能力。使幼儿的经验通过绘画、搭建和讲述表征出来，以每一次游戏经验作为下一次游戏水平的递进阶梯，促进幼儿的思维发展。

2. 户外自主游戏

户外的建构区材料更加大型、材料类型更加复杂，可以为幼儿提升迷宫搭建水平提供更多帮助，因此我们结合迷宫的搭建主题开展建构区的自主游戏。

幼儿根据自己的兴趣和意愿自由结伴，以小组合作的形式绘画计划图、商量分工、分享建构计划、实施搭建、作品分享。教师引导幼儿在分享讲述作品时，讲清楚自己的迷宫是怎么搭得复杂、具有迷惑性，以及为什么这样搭的问题。引导幼儿再次回顾、梳理经验，促进幼儿之间的相互学习，使幼儿的空间想象能力和语言逻辑能力等获得提升。

【活动评价】

在本次活动中，教师善于观察幼儿一日生活中的细微表现，与幼儿交谈了解幼儿的兴趣，再分析活动内容的教育价值，并结合幼儿的年龄特点和发展需要开展相应的生成活动。因为迷宫是班上大部分孩子都感兴趣的内容，且符合幼儿的发展现状，具有一定的挑战难度，所以教师生成的系列活动充分发挥了幼儿的主动性和创造性。围绕以迷宫为主题的一系列活动，利用自由活动、个人指导、小组活动、集体分享等形式，让幼儿在自由的探索转变为更富有难度的团队协作，从知识经验的建构—内化—表征三个方面去逐步推进，使幼儿在生成的活动中发展了空间想象能力、表征能力，通过小组活动提高了幼儿的合作能力和语言逻辑能力。

新冠病毒的预防（大班）

【生成活动类型】

生活活动。

【事件描述】

　　新冠病毒的预防已经成为我们日常生活中的常态化行为，新学期伊始，首先就要强调新冠病毒防控的意识，巩固新冠病毒的防治知识。当老师给孩子们讲解七步洗手法和如何正确佩戴口罩时，子阳突然大声说："老师，这些我们已经会了，您以为我们还是小班的弟弟妹妹吗？"

【教育价值分析】

　　子阳的话让老师陷入了深思：是呀，大班的孩子对这些常规的防疫知识已经掌握了，他们觉得枯燥了，这一活动的意义也不大了。而子阳话中提到"小班的弟弟妹妹"激发了我的灵感，我们可以到小班教弟弟妹妹如何防疫啊！通过宣传防疫知识的方式巩固学习，不仅能进一步提高幼儿的安全防范意识，还能激发幼儿懂得关心他人。

【活动支持】

（一）手拉手活动

　　老师问："你们觉得可以怎样帮助弟弟妹妹呢？"

　　自信的千熙马上举手说："老师，我可以教弟弟妹妹正确佩戴口罩的方法。"

子晴也抢着说："我会七步洗手法的儿歌，我可以教弟弟妹妹洗手。"

于是，我们分小组到小班教弟弟妹妹如何正确洗手和佩戴口罩。

千熙小朋友教弟弟妹妹如何正确佩戴口罩。

韬韬教弟弟妹妹打喷嚏时要用袖子挡住口鼻，尽量不影响别人。

子晴边念儿歌边示范洗手的正确步骤。

（二）邀请专业医生讲解

　　家长参与幼儿园的教育，可以大大地拓宽教育空间，专业的医生为幼儿讲解关于预防新冠病毒知识一定会更有说服力，于是我们邀请了专业的护士铭芯妈妈来为孩子上了一节防疫课。

（三）防疫宣传小达人

　　开展3～11岁人群新冠病毒疫苗接种是幼儿感兴趣的一个话题。我们通过主题活动，使疫苗接种从新闻走到了孩子们身边。我们通过视频、讲解让孩子们知道接种疫苗是预防新冠病毒的一种好方法，我国研发的疫苗安全有效，可以放心去接种。

　　老师："有少部分人对新冠疫苗还有点不放心，我们可以怎样做呢？"

　　孩子们议论开了："我打了新冠疫苗了，不痛的。""我也打了，一点事都没有，我们可以去告诉小朋友不用怕。""我们可以去其他班宣传。""我们可以画些画放学时到操场宣传。"这些都是孩子们已有的宣传经验，之前也经常用这样的方法做各种宣传，我们是不是可以有新的宣传方式呢？

　　老师对孩子们的提议给予肯定，然后说："老师这里有一个视频，你们看看怎样？"孩子们看完视频，都说要自己拍一个这样的宣传视频。于是，我们就拍了一段富有童趣的宣传接种新冠疫苗的视频。

新冠病毒的预防，接种疫苗最有效

【活动评价】

　　《3～6岁儿童学习与发展指南》指出，教师要理解幼儿的学习方式和特点，创设丰富的教育环境，最大限度地支持和满足幼儿通过直接感知、实际操作和亲身体验获取经验。这次的"新冠病毒的预防"活动，我们不再局限于在活动中被动灌输，而是让幼儿化身防疫宣传小天使，通过多种形式让防疫知识在幼儿心中深种。从该活动中我们教师也应该反思设计组织活动时，要结合幼儿的年龄特征及已有经验，活动目标及环节的设定要提升幼儿的核心经验，激发幼儿的学习兴趣，才能促进幼儿的发展。

彩色的沙子（大班）

【生成活动类型】

主题探究活动。

【事件描述】

主题活动"沙画"活动结束后，孩子们在欣赏作品的过程中讨论了起来。

辰辰说："我的太阳是米色的，如果有红色的沙子就好了。"

潼潼立马接上："我的小树也没有绿色的沙子。"

萱萱提出："我们可以把沙子染成彩色的吗？顺盈也有彩色的沙子。"

轩轩说："应该可以吧，可是我们应该怎么弄呢？"

辰辰立马说："我也觉得可以，美工区有颜料，不如我们用颜料试一下吧。"

……

【教育价值分析】

孩子们需要彩色的沙子支持其进一步进行美术创作，并对"如何将沙子染成彩色"萌生了好奇心与探索的欲望。《3～6岁儿童学习与发展指南》中提出，教师要认真对待幼儿的问题，引导他们猜一猜、想一想，有条件时和幼儿一起做一些有趣的小实验，接纳、支持和鼓励幼儿的探索行为。正如蒙台梭利所说："我看见了，我就记得了；我做过了，我就理解了。"不妨让孩子们一起来探索一下彩色的沙子吧！满足他们对染沙过程的好奇心与彩色沙子的艺术创作需要。

【活动支持】

（一）团讨：沙子怎样才能变成彩色

为了更好地收集幼儿的想法，我们发放了"彩色的沙子"调查表，让幼儿在表格中将自己认为可以染沙的材料用文字、图画等方式记录下来。根据调查表的记录，围绕"染沙"这个问题，我们和幼儿展开了团讨活动。

"老师，我们班里有颜料，我觉得颜料可以将沙子变成彩色的。"

"老师，我们中班的时候用染料将袋子染成彩色，我觉得染料也可以。"

"老师，蜡笔可以吗？"

"老师，有一种火龙果是红色的，它应该也可以吧。"……

幼儿对"用什么材料能将沙子染色"积极地建言献策，并跃跃欲试。

（二）探索活动：彩色的沙子

团讨结束后，老师统计了幼儿认为可以染沙的材料，排在前三位的材料分别是颜料、染料和蜡笔。因此，老师在集体活动中提供了这三种材料支持幼儿尝试沙子染色的探究。

幼儿选择自己喜欢的颜色，分别尝试用颜料、染料以及蜡笔进行染沙，并在"彩色的沙子"调查表的结果栏记录自己的发现，能成功染色的打"√"，染色失败的打"×"。幼儿通过探究得知：颜料和染料能让沙子染色，蜡笔由于颗粒太大不可以。

对于个别能力较强的幼儿，他们很快完成了三种材料的探究，于是，老师鼓励他们自行在教室中寻找表格中的染沙材料，如水彩笔、植物汁等，自主探索与记录。

（三）亲子任务：彩色的沙子

幼儿对染沙材料有一些较为独特的猜测，例如食用色素、染发膏、口红、火龙果、西瓜……为了支持幼儿动手动脑寻找问题的答案，尊重幼儿的个性化发展，我们以亲子任务的形式，鼓励、支持幼儿在家里进行实验，或者准备好材料带回幼儿园分享，自主寻找答案。实验证明：墨水、火龙果汁和食用色素都是可以染沙的。

（四）美术体验活动：彩色沙盘画

老师将染好的沙子投放在美工区，引导幼儿在纸盘上画出喜欢的图案，用棉签均匀地抹上白乳胶，最后将对应颜色的沙子撒在上面，就是一幅可以保存下来的色彩丰富的彩色沙盘画了。五颜六色的沙子满足了幼儿在艺术活动的需求。

（五）创意美术活动：彩沙名字创意画

《3～6岁儿童学习与发展指南》中指出，大班的幼儿要学习写自己的名字。但是班里还有很多幼儿对于学写名字始终还是提不起兴趣，于是，我们将幼儿最喜爱的彩沙与名字联系起来，设计了"彩沙名字创意画"的艺术活动，幼儿果然兴趣盎然、跃跃欲试，一下子都学会了写自己的名字，还能用不同的线条、图形装饰自己的名字，再粘贴上彩色的沙子，就是一幅漂亮的彩沙名字创意画了。

（六）母亲节特色活动：五彩沙瓶

在母亲节来临之际，幼儿将自己动手染出的彩色沙子装进了玻璃瓶中，看！五彩缤纷的彩色沙瓶多漂亮，蕴含着幼儿对妈妈的爱与祝福，希望妈妈的心情如这彩虹般的沙瓶一样绚丽。

【活动评价】

教师能及时捕捉幼儿对沙子染色的兴趣和探究的欲望，分析活动蕴含的教育价值，尊重幼儿的意愿，满足幼儿的需求。

在活动中，教师为幼儿提供了一个良好的心理环境与物质环境支持。幼儿的主动学习既来自幼儿的兴趣和需要，也来自教师的支持和组织。在幼儿讨论沙子是否能染色以及如何染色的过程中，教师倾听幼儿的声音，支持幼儿表达，鼓励幼儿探索，为其进一步发展提供了一个自由的心理环境支持，让幼儿敢于畅所欲言，刨根问底。同时，教师能够根据幼儿的前期经验及问卷结果，为幼儿提供了三种常见的染色工具，为幼儿提供了丰富的物质材料与自主的实验环境；在美术活动中，提供了一系列美术材料，满足幼儿用彩沙进行美术创作的需求。

幼儿"想要彩沙"的愿望与"什么能染沙"的猜想得到了老师的尊重与支持，有利于他们将来大胆质疑、积极表达、敢于探究的学习品质，发展了初步的探究能力；同时，调查表的填写有利于培养幼儿的书写愿望与提高书写技能，也有利于幼儿回顾自己的思考过程。经过探索与分享后，幼儿积累了沙子染色的各种知识经验。

第三篇

绿色课程

项目活动案例

湿漉漉的"回南天"

【项目活动类型】

学科主题探究类。

【项目概况】

"湿漉漉的'回南天'"是幼儿对偶然的天气变化产生好奇后生成的一次项目式学习活动。项目缘起于一个"回南天"的晨谈时间里,孩子们你一言我一语地交谈着:有的说外面灰蒙蒙的,我都看不清楚东西了;有的说为什么地

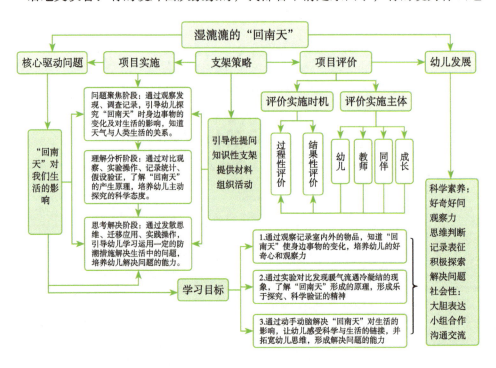

板上、玻璃上会有水；有的说到处都是湿湿的，我差点摔了一跤……"回南天"这样偶然的天气变化引起了幼儿的好奇心，也正是学习的好契机。结合大班幼儿好奇、好问、爱观察的年龄特点，围绕"为什么会有'回南天'"的驱动问题，探究"回南天"形成的原理，提出并尝试防潮的方法，减轻"回南天"对生活的影响，鼓励幼儿积极探究与思考，解决生活中的问题，培养幼儿崇尚真知、理性思维、勇于探究的科学核心素养。

【项目活动过程】

（一）问题聚焦

1. 幼儿园的变化

教师支持	关键提问
寻找幼儿园的潮气，并进行表征记录	今天的天气与平时的天气有什么不同？周围有什么变化？你有怎样的感受？为什么会这样呢？
幼儿发现： 雅瑜：我摸一下，玻璃上就有我的手印了。 力力：冰冰的，有点冷，还有感觉滑滑的。 小宇：冷冷的，上面有一颗一颗的水珠子。 安安：我用手在上面画了画，画了一个爱心。 峰峰：这个小木块没有湿，这些假花也没有湿。 小白：户外没有水珠	

2. 家里的变化

教师支持	关键提问
布置亲子小任务，发放调查表	和爸爸妈妈一起看看家里有变化吗？大家有没有什么感觉？
幼儿发现： 皓皓：我家的生姜长毛了。 小白：衣服晒不干，臭臭的，奶奶还说她腿疼。 力力：我家的墙纸有黑点。 安安：奶奶说"回南天"时她的腿疼。 峰峰：我的饼干变软了	

3. 小结"回南天"变化

教师支持	关键提问
团讨，并画出关于"回南天"变化的思维导图，张贴在教室墙面上	说说大家发现的"回南天"现象有什么？是什么原因呢？
幼儿发现： 皓皓：幼儿园和学校的很多地方都会有水。 力力：到处都湿湿的。 安安：很多东西都发霉了。 安安：是因为有雾才会有水。 小白：是因为下雨了吗？	

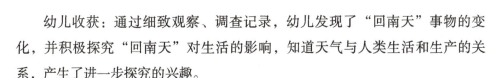

幼儿收获：通过细致观察、调查记录，幼儿发现了"回南天"事物的变化，并积极探究"回南天"对生活的影响，知道天气与人类生活和生产的关系，产生了进一步探究的兴趣。

（二）理解分析

1. 科普视频《什么是"回南天"》

教师支持	关键提问
观看视频	谁和谁相遇了，变成了水？什么季节会有"回南天"？只有南方才会有"回南天"吗？
幼儿发现： 小天：空气暖暖的，里面还有很多水蒸气，遇到冰冷的东西就变成水了。 力力：因为空气里有很多水珠。 安安：每年春天才有"回南天"。 皓皓：我妈妈是北京的，她说北京没有"回南天"。 小白：冷冷的北风把它吹走就没有水蒸气了	

2. "饮料罐上的水珠哪里来"实验

教师支持	关键提问
实验观察	冰箱里的饮料和常温饮料放在桌子上，会有什么变化？为什么冰箱里的会有水珠？
幼儿发现： 皓皓：冰箱里拿出来的好冰啊。 小白：常温的和我的手差不多暖。 力力：冰箱的那瓶有水出来。 小天：外面的水是瓶子漏水吗？ 安安：是空气里的水遇到冰的就流下来了	

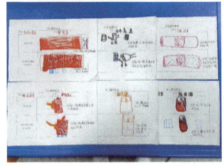

3. "水蒸气去哪里了"实验

教师支持	关键提问
实验观察、表格记录	水开了会有什么变化？水蒸气去哪里了？水蒸气遇到玻璃瓶会发生什么？遇到布会发生什么？

幼儿发现：
皓皓：锅里冒白气了。
丽丽：水蒸气跑到我的手上，我的手湿了。
小白：水蒸气遇到玻璃瓶就变成水了，还会流下来。
小天：布会变湿，但不会流水。
力力：纸遇到水蒸气会变软，但是看不到水珠

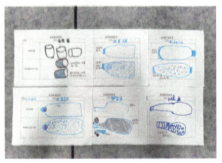

　　幼儿收获：通过科普视频初步了解了"回南天"形成的原因，之后在实验探究、对比观察、记录统计的过程中，进一步感受和理解这一现象，养成乐于实践、验证的科学核心素养。

（三）思考解决

1. 集体商讨

教师支持	关键提问
组织团讨	怎样可以减轻"回南天"对我们的影响？
幼儿发现： 皓皓：关好窗，不让潮气进来。 小白：用干抹布擦墙壁。 雅瑜：开空调抽湿。 力力：用吸水拖布吸水。 小天：小心走路就不会摔跤	

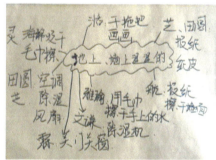

2. 调查采访

教师支持	关键提问
带领幼儿采访做卫生的老师、校医、家长	采访打扫卫生的阿姨，怎样处理地上和墙上的水？采访校医"回南天"怎样可以让身体舒服一点？采访家长有什么防潮小妙招？
幼儿发现： 皓皓：妈妈说衣服要烘干，不能穿有湿气的衣服。 天天：医生说可以喝点祛湿汤，注意不要滑倒。 雅瑜：妈妈说衣柜里要放除湿盒。 力力：阿姨说垫一些报纸、纸皮或者旧衣服，可以吸水。 丽丽：爸爸说发霉的东西不能吃	

 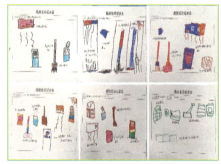

3. 实施操作

教师支持	关键提问
提供毛巾、拖把、报纸、除湿机等让幼儿尝试	大家尝试后效果如何

幼儿发现：

天天：吸湿机里吸了好多水。

皓皓：棉拖把吸了还是有水，海绵拖把可以把水吸走。

雅瑜：报纸吸了好多水。

小凡：铺了纸皮就不滑了，可以吸我们鞋底的水。

丽丽：我们要挂一个牌子，告诉大家"回南天"不要开窗，要小心慢走

幼儿收获：通过发散思维、调查采访、迁移应用、实践操作，幼儿学会了运用一定的防潮措施解决"回南天"问题，不仅提升了语言表达能力，还发展了发现问题、解决问题的能力。

【活动成果交流与评价】

（一）成果交流

1.凝练成果

师幼共同制作"回南天"应对小妙招宣传小册子，分发给家长或在社区分发宣传。

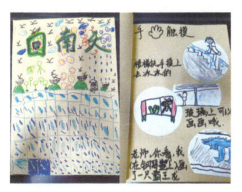

2.班际交流

教师和幼儿拿着"回南天"的介绍宣传板，去其他班宣传"回南天"的形成原因，推广"回南天"应对小妙招，并赠送幼儿制作的温馨提示标识牌。

（二）活动评价

遵循项目式学习有效评价的共同构建原则、多元化原则和全程全员原则，本项目从评价时机和评价主体两方面入手建立系统评价。从评价时机来看，分别为以表现性评价为主的过程性评价和结果性评价。从评价主体来看，分别为幼儿自我评价和教师评价以及同伴互相评价。

1. 过程性评价

项目式学习注重过程性评价，关注幼儿的学习过程和表现，检验活动中的状态以及对所学知识和技能的掌握程度。并通过观察记录、学习故事等形式针对个体给予过程性评价。

以《寻找回南天》幼儿表现性评价表为例。

幼儿表现	能积极参与"回南天"观察活动，兴趣浓厚	能仔细观察"回南天"事物变化	能较完整地讲述自己的发现	能积极思考墙面、地面有水雾的原因	能将自己的发现用符号、图画表现出来
小白					
天天					
皓皓					
评分标准：1-较差，2-一般，3-良好，4-好，5-非常好					

2. 结果性评价

教师通过观察，了解幼儿是否解决了驱动性问题，对"回南天"的现象和原理是否有了基本认知，是否获得了减轻"回南天"影响的相关技能，并作出相关评价。

幼儿表现	能较完整地讲述实验中的发现和对"回南天"现象的认知	能尝试运用多种工具解决"回南天"潮湿问题	能画出"回南天"形成的图示说明	知道"回南天"安全知识，并能制作出各类温馨提示牌	了解应对"回南天"的方法，并能向别人宣传
小白					
天天					
雅瑜					
评分标准：1-较差，2-一般，3-良好，4-好，5-非常好					

3. 多主体评价

项目式学习评价的主体要力求多元，除了幼儿自评，还要融合教师评价、家长评价、小组评价、组间互评。教师关注幼儿之间的互动、幼儿与环境的互动、幼儿与材料之间的互动以及幼儿对知识的应用性等方面进行记录性评价。家长对幼儿在家里对"回南天"话题讨论和使用方法的情况在班群中进行反馈及分享。幼儿在晨谈和团讨活动中对观察、操作的发现进行表达表征，同伴之间进行评价。

【活动成效与反思】

（一）活动成效

活动内容形式多样，观察讨论、小实验、调查等形式，直观有趣，使幼儿解决问题的目的性和任务意识进一步提高了。

通过项目活动，幼儿提升了自我保护意识，懂得用适合的办法保护自己。

"学用合一"是项目式学习的核心，教师在幼儿进行项目实施的过程中，鼓励他们通过各种方式和途径，查找资料，实践探究，并最终形成项目成果。幼儿在真实的、具有探究意义的项目中进行学习，在问题解决过程中寻求对项目以及自我的整体理解，从而实现在理解中实践。

（二）活动反思

1. 项目开展时间的选择

"回南天"的天气现象的时长具有不定性，探究活动的开展受"回南天"时长的限制，开展本项目的时间选择上较为被动。

2. 科学原理与科学实验的联系

"回南天"的形成原理具有科学抽象性，教师使用科学小实验让幼儿直观理解其中的原理，幼儿对实验探究兴趣浓厚。但因幼儿需要把科学小实验的经验迁移到"回南天"形成的原理上，相对于思维能力较弱的幼儿存在一些困难。

制作秋千

【项目活动类型】

工程设计类

【项目概况】

"制作秋千"是从争抢秋千的事件引发，由10名幼儿自己发起，历时4周的一个项目活动。本项目围绕"如何制作秋千"的核心驱动问题，历经调研策划、设计表征、制作调试以及验收评价四个阶段。幼儿通过教师提供的支架策

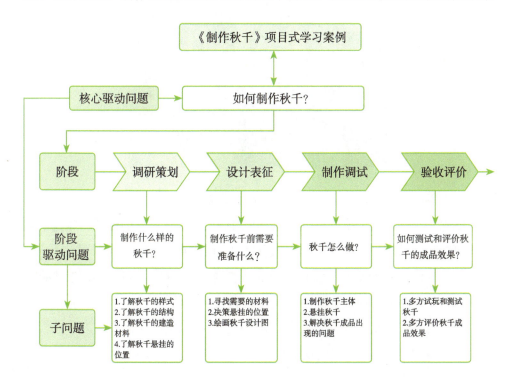

略不断迁移已有经验，并主动建构新经验，运用科学、数学、工程等学科知识，逐步解决一个个子问题，成功做成秋千并进行推广分享。该项目活动不但满足了幼儿探索的兴趣和挑战的欲望，发散了幼儿的思维，还使幼儿锲而不舍的学习品质以及分工合作的社会技能得到了提升。

【项目活动过程】

（一）调研策划

驱动问题：制作什么样的秋千？

1. 选择合作者

幼儿园里只有一个秋千，经常出现长时间排队、争抢玩的现象。因此，班里的幼儿向园长提出购买秋千的申请，园长答复申请项目需要一段时间。部分幼儿便萌生了新的想法："我们能自己做秋千吗？"在幼儿制作秋千的愿望和兴趣驱动下，老师鼓励幼儿寻找合作伙伴并承诺为他们提供帮助。于是幼儿自主召集想要参与本活动的同伴，成立了制作秋千的项目组。

2. 了解秋千的样式、结构、材质、建造工程等知识

成立"制作秋千"项目小组后，幼儿围绕"制作什么样的秋千？"这个驱动问题展开了讨论，老师根据幼儿的讨论整理出了问题清单。

（1）为什么有些秋千是铁的，有些是一把椅子的，还有一些是不同形状的？

（2）我们要准备什么材料？去哪里找材料？

（3）有些工具我们不会用，怎么办？

（4）我们要制作什么样的秋千？

（5）秋千挂在哪个位置比较安全？

（6）秋千要挂在高一点的地方，我们该怎么挂？

老师建议家长们可以利用周末带幼儿去实地考察，收集关于秋千的信息。幼儿在家长的陪同下到小区、公园寻找秋千，并用绘画、讲述、拍照等方法记录下自己的观察结果。第二天，老师组织团讨，引导幼儿分享观察结果，通过幼儿之间的分享交流和老师的梳理总结，幼儿了解到在我们的日常生活中不仅有木板秋千和座椅秋千，还有轮胎秋千、藤椅秋千、帆布秋千和塑料秋千等各种各样的秋千。

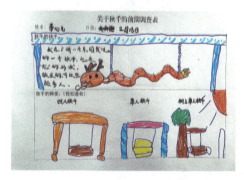

在家长们的参与和支持下，幼儿有了第一次的实地观察经验。在实地观察和团讨活动后，幼儿认识了不同样式的秋千，但对于秋千的组成部分还不了解。于是老师针对"秋千的结构"再组织了一次秋千参观活动，参观前老师引导幼儿先确立参观目标和重点，讨论决定看什么、怎么记录等问题。参观后老师再结合视频资料进行讲解拓展。幼儿知道了秋千是由支架、横梁、绳子和座椅四个部分组成的，并对秋千的建造工程有了初步的了解。

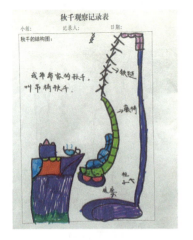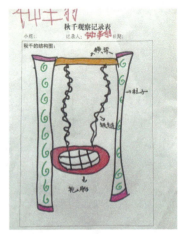

幼儿获得了关于秋千的知识后，开始联系已有的生活经验进行策划讨论。

"秋千的座椅我们可以用教室的小椅子吗？"

"这些椅子太重了，不如我们用木板吧！"

"对呀，我见过有木板做的秋千。"

"我在公园见过铁做的秋千，但是我们做不了。"

"也有布做的秋千，可以整个人躺上去的。"

……

3. 研判可行性，决策制作秋千的样式

幼儿对做什么样的秋千产生了意见分歧。于是老师便加入幼儿的团讨中，与幼儿一起架构网络图，一是确定幼儿当前对"秋千"的认知程度，二是引导幼儿梳理和分析每种秋千实施的可行性。

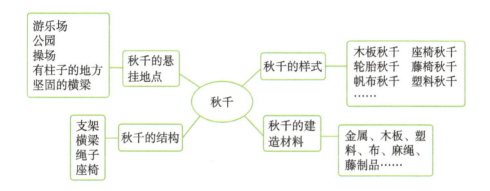

根据网络图，老师组织幼儿进行投票活动，最后选择了材料易得、制作简单的"木板秋千"。

这一阶段，幼儿围绕"制作什么样的秋千"驱动问题进行调研和探究，通过问题聚焦、调查记录、分享介绍、深入团讨、可行性的分析，初步确定了秋千的样式、结构和材料，完成了项目的策划，为下一阶段的设计表征进行了铺垫。

（二）设计表征

驱动问题：做秋千前我们需要准备什么？

有了初步的策划后，老师建议幼儿要有具体的制作计划，项目小组结合之前的讨论t勘察经验，用"绘记表征"方式完成了秋千设计图。

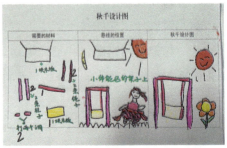

从设计图纸上我们可以看到幼儿在科学、数学、工程三个领域的知识增长和能力发展。

学科	知识与技能发展
科学	了解秋千的样式和基本结构
数学	能适宜地估算所需要的基本材料数量
工程	会用各种符号、图形对既有项目计划进行表征

本阶段幼儿分组预设及思考，在材料与经验上都有所准备，通过位置勘察、图纸设计以及材料罗列的步骤，将思维具体化，增强了操作的计划性。在设计表征、空间和材料估算、执行计划能力方面得到进一步发展。

（三）制作调试

驱动问题：秋千怎么做？

幼儿根据秋千设计图的清单寻找所需材料开始制作秋千，可是在制作的过程中遇到了以下几个困难。

1.连接绳子和木板

幼儿知道制作秋千需要在木板上钻孔穿过绳子固定起来，但是寻找的木板没有孔，怎么办呢？有幼儿提出用剪刀或钉子，经过尝试后，结果木板太硬失败了。这时，一旁的深深提出："我们可以找保安叔叔帮忙。"为了让保安叔叔明白自己的想法，他们在木板的两端分别标记了圆点，但是钻出来的孔太小了，绳子无法穿过，他们又去求助保安叔叔把孔扩大，但是由于工具的原因，这个方法行不通。佳佳说："我们可以换小的绳子呀。""不行，绳子太细不够力会断的。"维维反驳道。秋千的制作从钻孔开始便陷入了困境……

　　幼儿向老师求助，老师建议他们去调查了解一些物体的连接方式，幼儿经过询问、观察、团讨，排除了打孔的方式后决定尝试用"热熔枪""打结"两种方式。幼儿在老师的帮助下使用热熔枪将绳子固定在木板的两端，但是承重后立马脱落，实践失败。幼儿迁移日常生活中绑鞋带的经验，使用打死结的方法，终于把绳子和木板连接起来了。

连接绳子和木板：幼儿在探究中的能力提升			
幼儿原有经验 ——初次尝试	经验缺乏 ——出现困难	教师支架策略 ——尝试、解决问题	幼儿收获 ——建构新知识经验
1.工程：会看计划书和设计图，有计划性地进行制作。 2.科学：熟悉秋千的结构，能判定制作秋千的步骤。 3.数学：通过初步目测使用适合长度的麻绳做秋千绳，选择适合大小的木板做秋千板。 4.技术：会绑鞋带（打蝴蝶结，打活结）	1.绳子和木板不知道怎样连接起来。 2.秋千板没有孔。 3.秋千孔打得太小。 4.太粗的绳子穿不进孔里，太细的绳子不适合承重。 5.不会使用热熔枪。 6.热熔枪粘的绳子与木板不牢固	1.启发提问：有什么方法可以连接固定绳子和木板？ 2.调查和团讨：支持幼儿使用调查和团讨的方式，寻找和协商解决问题的办法。 3.支持幼儿尝试：鼓励幼儿探索、验证不同的解决方法。 4.为幼儿提供协助：包括工具、材料、技术支持等	1.工程：懂得要在物品上做标记方便制作。 2.科学：粘好绳子与木板后，会考虑承重问题，并会模拟测试验证效果。 3.技术：学习用热熔枪，会迁移应用绑鞋带的经验，学打死结将绳子与木板进行固定。 4.悬挂秋千

2. 悬挂秋千

秋千做好了，幼儿来到计划安装的位置，抬头一看，横梁太高了怎么办呢？一名幼儿试图将绳子甩到横梁上，反复多次仍未成功。一名幼儿尝试徒手攀爬上柱子，也不可行。"有什么工具可以利用吗？"老师利用一个启发性提问，帮助幼儿迁移经验，活跃思维。几名幼儿得到提示，从运动区搬来了木梯，爬上去将秋千的绳子穿过横梁，并打结固定住。

好不容易将秋千绑好，幼儿发现秋千板在摇荡的时候会撞到作为支架的一条柱子，瑞瑞说："这边太短了，会撞柱子。"老师问："是不是绑歪啦？"幼儿根据问题进行整改，重新调整位置。

但是新的问题又产生了：秋千板向一边倾斜了。于是幼儿又停下来分析，他们先是观察了一会儿，又进行了简单的讨论，然后两名幼儿在地面负责托举秋千保持平衡，另一名幼儿爬上梯子将绳子重新打结固定在横梁上。

3. 秋千试玩

问题一：秋千板太高

秋千试玩开始，大家争先恐后地想坐上去，结果一组人踮起脚来都坐不上去，原因是幼儿托举木板绑秋千绳时没有注意秋千的高度是否合适，导致秋千板太高了。幼儿发现了问题，也分析出了原因，但陷入了苦恼。于是老师便提出核心问题："什么样的高度才适合小朋友呢？"小筱说："要矮一点。"露露说："不可以比我的屁股高。"阿川说："我们去看一下原来那个有多高。"根据小组的讨论策略，第二天，幼儿来到幼儿园原有的秋千前，用身体作为测量工具，开始测量秋千板的高度。

可是他们在测量中又出现了新的问题，个子高的阿川和个子矮的小筱量到的位置并不一致，而且用身体做参考的话，没有标记，很快就会忘记具体高度，结果并不准确。天天说："不行啊，有的人高，有的人矮，测出来都不同的，我们去找个尺子吧。"

幼儿借到了长尺，但是他们并不会使用量尺，在老师的提示下，幼儿知道了量尺的使用是要将"0"对准起始点，测量的物品对应量尺上的数字就是该物品的高度。根据学习到的方法，幼儿重新进行测量，并记录在白纸上。最后根据测出的结果，将秋千板重新调整安装。

问题二：秋千板脱落

几天后，幼儿在户外活动时发现秋千板一端的绳结滑落了出来。教师与幼儿一起团讨分析绳子脱落的原因，有幼儿认为是因为他们的绳结不够牢固，通过引导，总结出秋千板的脱落是打结方法导致的。幼儿的原始经验受限，不知如何优化原有的方法，于是老师提供了支架策略：为幼儿拓宽可获取信息的途径，建议幼儿询问父母、和幼儿一起查阅书籍或在网上寻找相关信息，在询问和查阅后，幼儿了解到关于"秋千结"的信息，但秋千结对幼儿而言难度较大，需要进一步学习。

于是项目组成员在区域活动时间跟随老师学习打秋千结，经过几天的练习，学会了打秋千结。他们将原来的秋千板拆下来，用新学的秋千结将绳子和木板稳固地连接起来。

秋千试玩：幼儿在探究中的能力提升			
幼儿原有经验 ——初次尝试	经验缺乏 ——出现困难	教师支架策略 ——尝试、解决问题	幼儿收获 ——建构新知识经验
1.工程：会分析问题，不断调试制作方法，有目的性地完成工程计划。 2.科学：能发现和分析秋千板悬挂高度不适合的原因。 3.数学：会认数字，能用数字记录测量结果。 4.技术：已学会熟练地悬挂秋千板	1.秋千板悬挂得太高了，坐不上去。 2.测量方法不对，测量不到适合的高度。 3.不会使用量尺。 4.不会打秋千结	1.聚焦问题：提出核心"什么样的高度才适合小朋友？"帮助幼儿聚焦和思考问题。 2.组织团讨：与幼儿讨论如何处理碰到的问题，支持幼儿发散思维，自主思考解决问题的办法。 3.支持探索：鼓励幼儿自由探索、验证不同的解决方法。 4.提供工具：为幼儿提供他们需要的测量工具。 5.拓展经验：适时引导幼儿建构关于测量的知识经验。 6.参与活动：与幼儿一起学习打秋千结	1.工程：懂得要在物品上做标记方便制作。 2.科学：能在启发下推理出秋千板脱落是因为打结方法。 3.技术：学会打秋千结

在制作调试阶段，幼儿根据设计图按照自身的原始经验，一步步进行秋千的制作，在此过程中不断发现、调整和解决问题，老师适时为幼儿提供不同的支架策略，帮助幼儿推进项目进程，通过成品的测试与迭代，改进不足，最后

成功制作秋千。在这个阶段，幼儿的新旧经验融合，工程、科学、数学、技术方面的技能在运用的过程中获得不断提升。

（四）验收评价

驱动问题：如何测试和评价秋千的成品效果？

秋千制作成功了，项目组的成员都对秋千成品很满意，他们想邀请园内的其他小朋友也来体验。深深说："我们要先邀请保安叔叔来玩，因为他帮助了我们。"保安叔叔应邀来体验秋千试玩，在试玩过程中对幼儿的制作成品称赞不已。老师提示幼儿，可以请保安叔叔测试、评价一下秋千的安全性，保安叔叔说："你们的秋千很安全，可以让其他小朋友一起玩啦！非常成功！"

得到肯定后，项目组的幼儿欢呼雀跃地准备邀请的工作，他们不但制作了邀请函，了解到工程竣工后都会有剪彩仪式，大家还决定举行一个剪彩仪式，剪彩仪式和试玩活动的成功开展，增加了幼儿的成就感和仪式感，为项目验收画上完美的句号。

【活动成果交流与评价】

（一）活动成果交流

1. 介绍项目成果

剪彩和试玩活动获得其他幼儿的积极参与和良好反响，幼儿喜悦地谈论和互相评价着自己的工作，分享成功的经验。有幼儿提出：我们介绍自己的时候都会说自己的名字，这个秋千取什么名字呢？"小飞"，佳佳立马说了出来："我们荡秋千的时候感觉就像飞了起来！"其他成员表示赞成。"小飞怎么表示呢？"老师问。幼儿思考了一下，他们用形象的符号表示，"小"用文字小，"飞"画了一对翅膀。除了名字，还要介绍什么呢？老师提供海报宣传的相关图片，帮助幼儿获得相关经验，幼儿从老师提供的海报中受到启发，开始制作海报，将秋千的名字、玩法等信息画在纸上，然后张贴在秋千旁边的柱子上，让园内的小伙伴都可以了解到自己制作的秋千。

2. 推广项目成果

老师建议幼儿制作项目制书，将秋千的制作方法表征出来，一是帮助幼儿回顾、整理项目开展的过程，二是推广该项目活动的成功经验，幼儿在老师提供的参考资料帮助下，先商量罗列出项目制书的步骤，再通过回顾项目过程，将项目的计划、材料准备、制作步骤、制作分工、可能遇到的问题及解决方法，还有秋千的玩法等内容一一绘画在自制书籍上，形成了"秋千"项目制书。该活动引导幼儿通过推广项目实施成果，使其反思和评价自己对项目的贡献，增强了责任意识。

（二）活动成果评价

在"制作秋千"项目活动中，教师从评价实施时机的角度，采取了过程性评价与总结性评价；从评价实施主体的角度，运用了教师评价、同伴评价和自我评价。利用多方评价，让幼儿在项目学习中获得成就感，反馈和促进幼儿从自主学习走向深度学习。

1. 不同时机的评价

（1）过程性评价

教师根据幼儿在调研策划、设计表征、制作调试、验收评价四个不同阶段中的行为表现、表征作品等内容，在每个阶段结束后对幼儿的科学、技术、数学、工程、学习兴趣等方面实施过程性评价。

下表为幼儿过程性评价表。

姓名		班级		日期	
评价时机	评价内容				评价标准
调研策划阶段	1. 能自主召集同伴，按意愿组建项目小组				
	2. 能通过观察、比较与分析发现秋千之间的异同				

续 表

评价时机	评价内容	评价标准
调研策划阶段	3. 了解秋千的样式和基本结构，能用图画、数字等方式记录自己的观察结果	
	4. 能围绕"制作什么样的秋千"展开讨论，敢于在众人面前表达自己的想法	
	5. 能在教师的引导下对秋千的可行性进行分析研判	
设计表征阶段	1. 能适宜地估算所需要的基本材料及数量	
	2. 会用各种符号、图形对既有项目计划和结果进行表征	
	3. 能通过观察、比较对秋千的悬挂位置展开讨论、研判	
制作调试阶段	1. 能按制订的计划实施项目	
	2. 能大胆推测钻孔工具，并动手验证自己的猜想	
	3. 懂得在物品上做标记方便制作	
	4. 迁移运用绑鞋带的经验，学打死结将绳子与模板进行固定	
	5. 粘好绳子与木板后，会考虑承重问题，并会模拟测试验证效果	
	6. 能寻找适用工具悬挂秋千，并合作解决秋千的平衡问题	
	7. 会运用测量的方法调整秋千的高度	
	8. 能在启发下推理出导致秋千板脱落的原因	
	9. 学会打秋千结	
验收评价阶段	1. 能为验收环节的活动出主意、想办法，体验成功的快乐	
	2. 愿意与大家分享自己的项目成果	
	3. 运用图画和符号设计邀请函、项目海报	
评价标准：1-较差，2-一般，3-良好，4-好，5-非常好		

（2）总结性评价

教师为掌握幼儿的发展水平、学习特点与学习轨迹，进而反思自身的教育行为，在项目完结后，教师围绕幼儿是否解决了核心驱动性问题、是否对基本概念有了较为深刻的理解、是否产生了属于幼儿个体的新经验、是否获得了一些相关的知识与技能等内容进行总结性评价。

下表为幼儿总结性评价表。

总结性评价	能围绕"如何制作秋千"的核心驱动问题展开尝试与探究	能清晰、大胆地分享自己在制作秋千过程中的设计图、调查问卷和观察记录表	不断地调整在制作、悬挂、试玩秋千过程中遇到的问题，不轻易放弃	能运用图片、文字、数字等符号记录制作秋千的方法与过程	在探究中能与同伴合作与交流，乐于寻找问题的答案
幼儿A					
幼儿B					
幼儿C					
……					
评价标准：1-较差，2--一般，3-良好，4-好，5-非常好					

2. 不同主体的评价

（1）教师评价

除了过程性和总结性的评价，在项目活动过程中融合表现性评价，即通过制作宣传海报、邀请函、项目制书和跨班宣传等活动，了解幼儿对在项目探究过程中的工程、科学等学科素养的掌握情况。

（2）同伴评价

体验感是其他幼儿对秋千项目最直接的评价，为了评价幼儿的成果，老师与幼儿一起设计了"秋千评价表"，发放给玩秋千的小伙伴进行测评。

下表为秋千评价表。

班级		姓名		日期	
好玩：☺ ☺ ☺		评价：			
舒服：☺ ☺ ☺					
喜欢：☺ ☺ ☺					
安全：☺ ☺ ☺					

（3）自我评价

自我评价能够充分体现幼儿在制作秋千项目过程中主动参与学习的情况，幼儿在自我评价中认识到自身的学习和进步。基于大班幼儿自评经验逐渐丰富，再结合项目活动的具体情况，教师与项目组成员共同制定了体现大班幼儿思辨思维特点的"制作秋千"自我评价表。

下表为"制作秋千"自我评价表。

班级		姓名		日期	
评价目标：					
1. 知道本次活动的驱动性问题，并能参与秋千的制作与改造。					
2. 对本组的工作任务比较清楚，能和项目组同伴一起完成任务，能正确评价本组工作任务的完成情况。					
3. 对自己在本组工作中的贡献部分比较清楚，并能用自己的方式进行表征					

续　表

我眼中的自己（自评）	
我参与完成的作品值得夸奖	
	勾勾笑脸图标夸夸我们的作品：☺ ☺ ☺
我在建造过程中值得夸奖的事	
我们的作品需要修改的地方及修改计划	

【活动成效与反思】

（一）活动成效

由一个幼儿偶发的兴趣和想法而引发活动，使幼儿在"工程设计"方面进行了项目式探究实践。在该项目活动入项后，老师从传统主题活动中的主导者转变为幼儿主动学习的追随者和支持者。从调研策划、设计表征、制作调试、验收评价四个阶段实施推进，每个阶段设计若干子问题，形成前后相扣、衔接递进的问题链，引导幼儿逐步深入探究，在解决问题即"如何制作秋千"的过程中，潜移默化地培养了幼儿的科学、数学、工程等核心素养。面对不断产生的问题，幼儿会独立思考、大胆尝试，在探究欲和好奇心的驱动下，进行了持续的、逐步深入的探究，而老师则有技巧地搭建各种支架策略，让幼儿不仅指导自己想做什么，而且知道自己该怎么去做，从而推动幼儿的学习，在幼儿的不断努力下，项目活动最终获得成功，成功制作了"小飞"秋千，解决了秋千不够用的问题，幼儿也获得了更多有益于终身发展的经验和核心素养。

（二）活动反思

该项目以"工程设计"为载体，对于幼儿园阶段的孩子来说，关于工程、科学方面的学科知识比较匮乏，且受该年龄阶段具体形象思维的限制，对于科学原理的理解也比较浅显。因此，项目活动对于教师的引导性和支持性作用有更高的要求，需要结合幼儿的实际需求进行项目教学引导。在该项目过程中，教师根据幼儿的思维特点和身心发展现状，运用启发提问和扩展知识的方式，帮助幼儿将新旧知识经验进行连接，站在幼儿的视角去帮助其实施属于他们的"工程项目"。希望该项目的成功实施，可以积累师幼的项目实施经验，为今后的项目化学习打下基础。

彩色的沙子

【项目活动类型】

跨学科主题探究类。

【项目概况】

孩子们在一次沙画活动中提出需要彩色的沙子来作画，并在对话中对染制彩沙萌生了好奇与探索的欲望。教师通过梳理，发现幼儿的关注点，引导幼儿围绕"如何制作适合创作的彩沙"这一核心驱动问题，聚焦"沙子染色"和"彩沙创作"两大跨学科情境，生成系列子问题和相关任务，并提供多样化、低结构的材料支持幼儿通过团讨、调查、操作、实验等探究活动分析和解决问题，探索沙子染色的方法，形成染沙流程图，并利用自制的彩沙进行艺术创

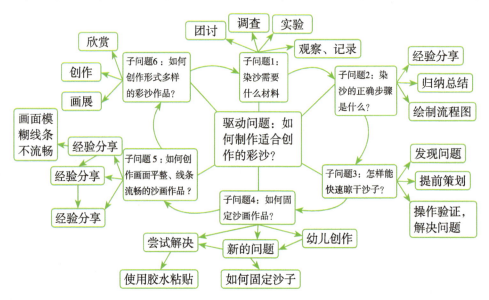

作。本项目提高了幼儿观察、比较、分析、实验等科学探究能力，养成敢于探究和尝试的科学精神和态度；通过沙画欣赏和创作活动激发灵感，对创作的过程和方法进行探究，生成独特的想法并转化为彩沙艺术成果。

【项目活动过程】

（一）项目设计阶段

驱动性问题：如何制作适合创作的彩沙？

沙盘画活动结束后，孩子们在欣赏作品的过程中发现沙画作品缺少了色彩，于是纷纷提出："我们可以把沙子染成彩色的吗？应该怎么弄呢？"……

孩子们的需求和兴趣都指向一个问题——"如何制作适合创作的彩沙"。《3～6岁儿童学习与发展指南》提出，教师要认真对待幼儿的问题，引导他们猜一猜、想一想，有条件时和幼儿一起做一些有趣的小实验，接纳、支持和鼓励幼儿的探索行为。不妨让孩子们一起来探索一下彩色的沙子吧，满足他们对染沙过程的好奇与彩色沙子的艺术创作需要。

如何制作适合创作的彩沙？
- 染沙需要什么材料？
- 染沙的正确步骤是什么？
- 怎样能快速晾干沙子？
- 如何固定沙画作品？
- 如何创作出画面平整、线条流畅的沙画作品？
- 如何创作形式多样的彩沙作品？

（二）项目实施阶段

我们的染沙计划如下图所示。

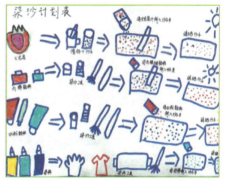

子问题1：染沙需要什么材料

（1）团讨

为了了解小朋友们的已有经验，老师们组织了一场关于"染沙材料"的团讨活动。

"老师，我们班里有颜料，我觉得颜料可以将沙子变成彩色的。"

"老师，我们之前用染料将袋子染成彩色，我觉得染料也可以。"

"老师，蜡笔可以吗？"

"老师，有一种火龙果是红色的，它应该也可以吧。"

……

幼儿对用什么材料能将沙子染色都积极地建言献策，并跃跃欲试。为了更好地收集幼儿的想法，教师更准确地提供染色材料给幼儿探索，我们发放了调查表"彩色的沙子"，让幼儿在表格中将自己认为可以染沙的材料用文字、图画等方式记录下来，并与同伴分享。

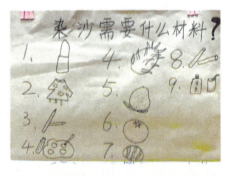

经过调查，较多孩子认为颜料、染料、火龙果、菜汁、丙烯、水彩笔芯等材料可以染沙，并通过多种途径将相关材料收集回来。

（2）探索与实践

有了这些材料，孩子们自由分组并开始了染沙的实验。他们首先在课室、工具房等找到认为合适的工具，有盆、水桶、托盘、搅棍等。同时，老师为幼儿准备了实验记录表供幼儿观察和记录实验结果。

（3）问题探究

"老师，我的沙子结块了。"

"老师，有些沙子染上色了，有些沙子染不上。"

"我的沙子颜色很浅，他们的沙子颜色很深。"

"我们成功了！我们用了染料！"

　　幼儿在实验中遇到并提出了不同的问题，于是老师让幼儿将实验操作过程和结果用图画的形式表达出来。

（4）分享实验结果

　　经过幼儿的分享，用颜料染的沙子染色不均，用菜汁、火龙果无法着色，用水彩笔芯泡水染的沙子颜色不明显，而用染料能较快地、均匀地上色。

　　教师的思考：围绕核心问题"如何制作适合创作的彩沙"，教师引导幼儿制订并执行染沙计划，支持幼儿收集生活中适合染沙的物品作为实验的材料，由猜想讨论到亲自实验、操作验证自己的想法，提高了幼儿的计划性、团队协

作能力、动手操作、观察和比较能力。

子问题2：染沙的正确步骤是什么

"我们组染的沙子不成功，为什么你们的成功了，你们是怎么染的？"

制作彩沙有哪些步骤呢？通过幼儿的操作经验分享，我们一起整理归纳出了简单的步骤图，让孩子们更好地掌握染沙的步骤。

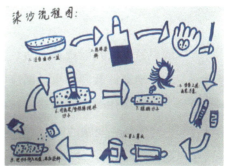

教师的思考：幼儿分享自己成功的实验操作步骤并以图文结合的方式呈现出来，形成染沙步骤图，让更多同伴了解染沙的正确步骤。在此活动中，教师支持幼儿通过绘画、讲述等方式对自己经历过的观察、操作等活动进行表达、表征，提高了幼儿的表达能力、表征能力和整理与归纳的科学思维。

子问题3：怎样能快速晾干沙子

春季天气潮湿，阴雨连绵，孩子们发现染好的沙子晾晒两天后仍然湿湿的。

"沙子怎么还不干啊？"

教师："那在没有太阳的时候，我们怎样能快速晾干沙子呢？"

孩子们纷纷提出了自己的见解，有的说用扇子扇风，有的说用吹风机吹干，有的说用烘干机烘干。

幼儿迁移自己的生活经验，纷纷提出了用扇子、吹风机、烘干机和电风扇等工具加快沙子干的速度。于是，第二天，他们找来这些材料尝试把沙子吹干。

孩子们纷纷分享快速晾干沙子的喜悦。

　　教师的思考：幼儿能迁移生活经验，解决沙子晾不干的问题，在过程中积极思考，动手动脑；教师尊重并回应幼儿的想法与问题，通过开放性提问、推测、讨论、实践操作等方式支持和拓展幼儿的学习，提升了幼儿在新情境下运用已有知识经验解决问题的能力。

　　子问题4：如何固定沙画作品

　　有了彩沙，幼儿兴高采烈地开始了创作之旅，他们在沙盘中勾勒出想要的彩色画面。

　　幼儿兴奋地互相欣赏和展示自己的作品，却遇到了新的问题：

　　"哎呀，你把我的画撞乱了！"

　　"我的沙子混在一起了。"

　　"我想把我的画带回家给妈妈看。"

　　……

幼儿发现只要沙盘轻轻一动，自己的画就会散乱，怎么解决这个问题呢?

"用胶水把沙子粘起来就好了呀！"孩子们根据粘贴画的经验提出将沙子用胶水粘起来以固定画面。根据幼儿的建议，同时为了满足幼儿想把沙画带回家分享的欲望，教师提供了卡纸、各种胶水、彩沙等，让幼儿尝试用胶水在纸上制作沙画。

教师的思考：通过这个子问题的探索，完美地解决了孩子想要固定自己的沙画作品和保存下来带回家分享的问题，孩子们将创作的喜悦传递给他人，将喜爱的沙画作品与他人分享，提升了孩子在创作中的成功感。

子问题5：如何创作出画面平整、线条流畅的沙画作品

教师引导幼儿对作画过程进行分享、回顾，引导幼儿发现作品存在的一些问题，如画面模糊、线条不流畅，通过讲解和示范让幼儿了解完整的作画流程：画（构图）→涂（胶水）→撒（彩沙）→按（压实）→刮（平整）。

　　新的问题：幼儿按照完整的流程作画后，画面明显清晰了许多，但仍然存在填充的沙子不平整、厚薄不一的问题，且需要填充较细的线型图案时容易超出原本的勾勒范围。

　　教师的支持：教师出示胶水毛刷，示范如何掌握手腕力度将胶水均匀地涂抹在填充区域，并用刮片沿着线条边缘将多余的沙子轻轻刮掉，来解决沙子填充不平整和撒沙子时越线的问题，并根据幼儿的不同水平给予个别指导。

教师的思考：通过这个子问题的探索，幼儿了解了完整的沙画创作步骤，解决了画面模糊、线条不流畅和填充不平整等问题，发展了幼儿涂、撒、按、刮等手部精细动作，提高了幼儿的倾听能力、观察能力和专注力。

子问题6：如何创作形式多样的彩沙作品

创作完沙画之后，剩下了大量的彩沙。

老师提出："剩下这些沙子，我们可以怎么用呢？"

"我们还可以做别的作品啊。""那彩沙还可以做什么作品呢？"

（1）赏析各种沙画作品

教师和幼儿通过视频和图片了解到沙画的文化和更多不同形式的彩沙作品，拓宽了幼儿的视野，其中幼儿对沙瓶画和立体沙塑非常感兴趣。孩子们通过视觉感知以往的生活经验，形成对彩沙作品的认知与感悟。

（2）实践与创作

沙塑：

沙瓶画：用剩的彩沙被孩子们以沙瓶画的形式装进瓶子里，一瓶瓶漂亮的

沙瓶画摆在了课室，形成一道亮丽的风景。

"一沙一世界"彩沙作品展：

教师的思考：教师通过营造彩沙作品审美情境唤醒幼儿积极的情感体验，拓宽幼儿的视野，发散幼儿的思维，激发幼儿创作的兴趣。幼儿在创作沙塑、沙瓶画中大胆表达自己的想法，提高了艺术创造能力。

【活动成果交流与评价】

（一）活动成果

成果类型	活动形式	成果内容	成果展示
团队成果	小组实验	选择最合适染沙的材料，了解染沙的步骤	

续　表

成果类型	活动形式	成果内容	成果展示
团队成果	跨班交流	形成基本完整的染沙流程图，大胆地向他人介绍自己的成果	
	集体教学	了解沙画制作的步骤和注意事项，优化彩沙制作的操作	
	彩沙作品展	教师和幼儿共同商量和布置了以"一沙一世界"为主题的彩沙作品展，幼儿相互欣赏与交流	
	区域投放	将自制的染沙制作流程图及制作材料、工具、创作样品等投放到科学区和美工区，让更多幼儿在户外自主游戏时进行操作和体验	
个人成果	自主创作	利用自己染制的彩沙创作喜爱的作品	

（二）活动评价

　　遵循项目式学习有效评价的共同构建原则、多元化原则和全程全员原则，本项目从评价时机和评价主体两方面入手建立系统评价。从评价时机来看，分别为以表现性评价为主的过程性评价和总结性评价。从评价主体来看，分别为幼儿自我评价和教师评价以及同伴互相评价。

1. 根据评价时机对幼儿的学习过程和结果进行表现性评价

（1）过程性评价

教师制定评价量表，对幼儿在每个子问题中的探究学习和行为表现进行评价，例如在子问题1"染沙需要什么材料"探索活动中，通过以下表格评估幼儿的科学探究行为和能力。

下表为染沙科学探究活动评价量表。

表现性评价	1.能在团讨中大胆自信地讲述自己关于染沙材料的猜想	2.能根据计划并利用身边的资源寻找合适的染沙材料和工具	3.能较熟练地使用实验记录表，能清晰地记录自己的实验结果	4.能够借助记录，对实验结果进行判断，进而得出实验结论	5.能在实验中积极思考，提出疑问并愿意主动解决	6.能够通过绘画表征用较完整的语言分享自己的实验过程和结果
幼儿A						
幼儿B						
幼儿C						
评分标准：1-较差，2-一般，3-良好，4-好，5-非常好。						

（2）总结性评价

制作评价量表对幼儿在整个项目活动中的表现进行评价。

下表为"彩色的沙子"项目活动总结性评价量表。

幼儿姓名		所在班级		
评价日期		评价教师		
评价指标	较差	一般	良好	好	非常好
1.能够在教师的帮助下制订项目计划					
2.在活动中提高独立解决问题的积极性、沟通协商能力、创新能力					
3.在实验中仔细观察、认真比较不同材料的染色情况，找出最适合染沙的材料					
4.能用清晰完整的语言表述自己染沙实验中的过程和想法					
5.能调动已有经验在新情境下解决问题					

续表

评价指标	较差	一般	良好	好	非常好
6. 能在欣赏作品时关注画面、线条等形态特征					
7. 能充分利用彩沙大胆表现和创作形式多样的作品					

2. 根据评价主体多元化原则，开展幼儿自评、教师评价和同伴互评

（1）幼儿自评

在子问题1"染沙需要什么材料"中，幼儿通过绘画把自己的实验过程和结果以及遇到的问题以游戏故事的形式表达出来，并进行交流和分享。在子问题5"如何创作出画面平整、线条流畅的沙画作品"中，进行二次创作后幼儿通过分享交流活动，评价自己第一次和第二次的作品有何不同，有哪些进步。

（2）教师评价

教师撰写观察记录和学习故事，记录和评价幼儿的学习过程和行为表现，并思考后续的支持策略；对幼儿的作品给予评价和建议；在活动中对幼儿表现进行及时的语言回应和评价。

（3）同伴互评

幼儿在彩沙作品展中互相欣赏和交流，通过投票"我最喜欢的彩沙作品"选出最受大家喜爱的作品。

【活动成效与反思】

（一）活动成效

"彩色的沙子"是融合科学和艺术的探究式项目学习活动，此项目来源于幼儿的兴趣和平时的活动中，幼儿以问题为导向，运用已有的知识和资源分析问题、解决问题，在这个过程中获得新技能、整合新经验，发展了四个方面的实践能力：一是探究性实践，包括观察、记录、实验、对比和发现不同染色材料的染沙效果等；二是社会性实践，包括小组合作、同伴讨论、寻求帮助、大胆且富有表现力地进行现场分享交流；三是艺术性实践，包括绘制染沙流程图，大胆进行沙画、沙塑、沙瓶画等多种形式的赏析与创作；四是调控性实践，包括投入活动，表现出专注和强烈的兴趣，享受过程，有目的地计划和根据问题调整策略。

（二）活动反思

在探究染沙效果时，建议提供多种类的沙子让幼儿对比、实验，拓展幼儿科学探索的思维。

"一沙一世界"作品展是教师和幼儿在本次项目中活动成果的重要呈现，可通过公众平台等加大宣传，能够极大地提升幼儿在项目中的成就感和喜悦感。

第四篇

绿色课程

特色活动案例

绿色出行日

【活动来源】

环境教育作为我园绿色教育的其中一个内容，体现我园"在环境中浸润绿色教育，在教育中践行绿色生活"的教育观。在梳理相关的教育内涵概念和课程架构后，我们与孩子、家长一起在知、情、境、行等方面践行绿色教育。

根据世界无车日（每年9月22日）倡导的绿色出行理念，我园把每月22日定为"绿色出行日"，倡导全体教职工、幼儿和家长采用自行车、步行、公共交通等方式绿色出行。

【活动资源】

（一）绿色出行活动倡议书

亲爱的孩子、家长、老师们：

为了能更好地践行我园每月22日的"绿色出行日"活动，用实际行动来保护我们的家园。为此，我们发出以下倡议：

第一，争做绿色出行的先行者。在每月22日"绿色出行日"这天，我们建议大家少开一天车（包括汽车和摩托车等机动车），尽量选择步行、骑自行车或乘坐公交车出行。

第二，争做绿色出行的宣传者。绿色出行的方式对节约能源、改善空气质量、减少噪声、预防和缓解城市拥堵、减少二氧化碳排放、应对气候变化以及自身健康都具有积极意义。我们倡议大家树立绿色出行理念，并向身边的朋友宣传开展绿色出行的意义和方式，带动更多人参与到行动中来！

第三，从我做起，从现在做起，从身边小事做起。让我们立即行动起来，以"绿色出行"的方式让我们的环境更美好，城市更亮丽，身体更健康，生活更幸福！

为了环保生活，为了绿色地球，希望大家均以主人翁的姿态积极投身到"绿色出行，低碳生活"的行动中来，引领绿色时尚，倡导低碳生活，共同营造美好的绿色家园！

（二）绿色出行日倡导语

2月22日

2月是万物复苏的月份，草长莺飞、生机盎然。有此美景怎可辜负？明天（2月22日）约定你选择绿色健康的出行方式，我们一起放慢脚步去欣赏充满生机的二月。

3月22日

3月是春暖花开的月份，草木知春，百花争艳。每天忙碌的生活，是否让你错过了许多美丽的景色。不如让我们相约3月22日一起绿色出行，不负时光。

4月22日

坚持是一种态度，也是良好的品质，只要你坚持，一定会遇见最美好的自己！希望在4月22日的绿色出行日能遇见绿色出行的你！

5月22日

不经意间朝窗外看，5月的气息正铺天盖地扑来。空气中弥漫起初夏的味道。5月22日迎来了本月的绿色出行日，让我们相约绿色出行，一起去感受春日里不太张扬的阳光。

6月22日

6月是一个什么样的季节？有人说这是一个适合待在冰箱里的季节，也有人说这是一个适合出去旅游的季节，而我却说这是一个适合绿色出行的季节，让我们相约6月22日，一起低碳环保，绿色出行。

9月22日

明天（每年9月22日）是世界无车日，让我们一起践行绿色生活理念，约定你选择绿色健康的出行方式（如步行、公交车、自行车等），迎着晨光，拍下晨曦的景色或美丽的倩影。

10月22日

金桂飘香，秋风送爽，明天（10月22日）将迎来秋季学期的首次绿色出行。让我们一起慢下来，在秋日的时光里，发现生活的美，享受生活的乐趣！

11月22日

天气越来越冷，清晨的你是否因为刺骨的寒意而不愿离开被窝？11月22日迎来了本月的绿色出行日。这本是寂寥的季节，我们不如相约几个知己好友，在清冷的清晨，漫步大笑，享受生活的乐趣。

12月22日

总有相约不尽的花期，总有诉说不完的话题。12月22日又迎来本月的绿色出行日。来吧！让我们一起低碳环保，绿色出行，在绿色环保的生活中，不负岁月静好。

（三）绿色出行日宣传小册子

【活动实录】

每月22日是我园的绿色出行日，作为绿色出行日活动的示范者、宣传者、倡议者，我园全体教职工坚持从我做起，为孩子和家长树立榜样，用不同的绿色出行方式积极投身到绿色出行日活动中。

步行的老师，有的是三五成群相约，欢声笑语同行；有的是轻踩细碎的阳光，嗅着野花的淡淡香气，和着鸟儿的清脆鸣声，漫步回园；有的是身着便装，身姿矫健，快步行走。

骑行的老师，有的是骑上心爱的自行车，而有的是选择低碳无污染的共享单车。在骑行间，在鸟语花香中，感受骑行带来的乐趣，充分展现了他们的蓬勃朝气与青春风采！

　　乘坐公共汽车的老师，则是早早起床出门，来到公交车站前等待开往幼儿园方向的汽车，有的老师甚至还要途中换乘，才能到达幼儿园。

　　老师们根据不同的季节，不同的天气，选择不同的绿色出行方式。例如，雨天，相邻居住路程远的老师会一起拼车出行；方便乘坐公共汽车的老师则会选择公共汽车；离园较近的老师就会打着雨伞漫步雨中回园。

　　老师们纷纷表示非常赞成绿色出行日活动，支持绿色环保，并带动身边的人积极参与其中。

　　在老师的倡导和引领下，家长陪同孩子们，以主人翁的姿态积极参加绿色出行活动。他们个个身姿矫健，活泼可爱，充分展现了蓬勃的朝气，身体力行

地感受着绿色出行的意义及人与自然和谐相处的美好！

　　有的是大手牵着小手一边交谈，一边行走；有的是打着喜欢的小雨伞或穿着心爱的雨衣和雨鞋，踩踏着水洼回幼儿园；有的是坐在家人骑的自行车椅，乘着清晨的风绿色出行；还有的是蹦蹦跳跳地跟着家人乘坐公共汽车，开心地往幼儿园而去。

　　作为绿色教育的践行者，我们身体力行地感受着绿色出行的意义及人与自然和谐相处的美好！让我们把绿色出行的种子播撒在每一个人的心田，引领绿色时尚，倡导低碳生活，共同营造美好的绿色家园。

绿色健行

【活动来源】

为彰显本园"绿色自然，快乐自主"的课程文化理念，根据世界步行日（每年9月29日）倡导的健康生活理念——宣传科学步行运动知识、倡导步行运动健身方式、养成积极健康的生活方式，结合我园绿色课程内容设计要求，结合周边优质环境资源（北江河畔的江滨公园）开展月末健行活动，并结合"六一"和"元旦"组织全体教职员工、家长及幼儿开展大型健行活动，构建有本园、本地域特色的"绿色健行"系列活动。通过研究健步走的姿势、速度和时间，培养幼儿、家长和老师的健康行走方式，养成积极健康的生活理念。

【活动资源】

（一）活动主题

月份	小班级	中班级	大班级
3	亲亲大自然	静听花开踏诗行	亲亲北江
4	走谷雨	谷雨行	共享北江景
5	彩色的夏天	初夏行	夏之行
6	夏至行，我最行	炎炎夏日	齐步走
9	走走走，齐步走	与爱同行	悦走，悦读
10	走进静福广场	走进公园，感受秋天	"十月深秋"健行日
11	暖冬行	冬日暖阳踏步行	"初冬"健行日
12	新年健行活动		

（二）活动方案

幼儿园各级组根据幼儿的年龄特征及季节特点，并结合主题活动的内容制订活动方案及安全预案，确保活动安全开展。

范例1　小班级"亲亲大自然""健行日"活动方案

为培养幼儿正确、有效的行走方式，开阔幼儿视野，亲近自然、感受生活，结合本月"你好，小鸟""虫虫总动员""鱼儿游游"三个主题，以"亲亲大自然"为主题进行绿色健行活动。

一、活动目标

1. 引导幼儿用正确的行走姿势持续行走1千米。

2. 各班根据主题内容让幼儿进行观察小鸟、鱼儿、探索昆虫等活动，萌发爱护大自然的情感。

3. 教育幼儿外出要跟着老师和同伴，不能擅自离开集体，增强幼儿安全意识。

二、活动形式

集体步行和主题学习。

三、活动地点

江滨公园。

四、活动路线

幼儿园出发—幼儿园停车场—静福广场北侧—路口斑马线—斜坡—演艺广场（终点，1.4千米）—开展主题活动—原路返回幼儿园。

五、参加人员

小班级全体教师和幼儿，每班家长义工4名。

六、活动准备

1. 活动前向家长介绍活动安排，出发前做好安全教育。

2. 幼儿穿运动鞋。

3. 保育老师带适量的纸巾、外伤药物。

4. 提前和家长义工沟通。

七、活动流程

9：00—9：10班级进行外出安全教育，重点讲解过马路应注意的问题，开展安全行为约定活动，做好准备工作（上厕所、检查衣物）。

9：10—10：00教师按要求带领幼儿健行，提醒幼儿注意安全，关注个别幼儿，到终点组织幼儿进行相关的主题活动。

（1）小一班、小二班、小三班组织幼儿观察关于小鸟的事物，倾听小鸟的叫声。

（2）小四班、小五班、小六班用放大镜观察蚂蚁、蝴蝶、蜜蜂等昆虫以及昆虫生长环境。

（3）小七班观察江边垂钓者钓鱼，了解鱼儿的生活环境。

10：00—10：20原路返回。

八、工作人员安排

组织：各班级老师。

协助：各班的家长义工。

安全：保安。

意外防范：保健医生。

九、注意问题

1. 各班人员外出前后都要清点人数。

2. 确保安全过马路，各班统一出行与回程，要在安保人员的维持下有序并迅速通过斑马线。

3. 出现问题要及时上报、处理。

范例2　中班级"静听花开踏诗行""健行日"活动方案

结合"我与蔬果做朋友""花园的秘密""有生命的树"三个主题内容，以"静听花开踏诗行"为主题开展健行活动，引导幼儿以正确姿势、匀速进行健行，在演艺广场终点寻找与主题相关的景色，从观察、探索中了解大自然的各种植物，观察花草树木与自然的融合，萌发幼儿爱自然、爱家乡的情感。

一、活动目标

1. 引导幼儿用正确、匀速的行走姿势行走1.5千米左右。

2. 各班根据主题内容，引导幼儿进行观察、探索，激发幼儿观察、探索的乐趣。

3. 教育幼儿外出要跟着老师和同伴，不能擅自离开集体，增强幼儿安全意识。

4. 增强幼儿环保意识，激发他们爱周围环境、爱家乡的情感。

二、活动形式

集体步行和主题学习。

三、活动地点

江滨公园。

四、活动路线

幼儿园出发—幼儿园停车场—静福广场北侧—路口斑马线—斜坡—演艺广场—曲艺广场（终点，1.7千米）—开展主题活动—原路返回幼儿园。

五、参加人员

中班级全体教师和幼儿，每班家长义工3名。

六、活动准备

1. 活动前向家长介绍活动安排，出发前做好安全教育。

2. 幼儿穿运动鞋。

3. 保育老师带适量的纸巾、外伤药物。

4. 提前和家长义工沟通。

5. 各班老师结合主题课程思考观察的内容，做好观察的准备。

七、活动流程

8：50—9：00班级进行外出安全讨论，重点讨论过马路和安全行走问题，开展安全行为约定活动，做好准备工作（上厕所、检查衣物）。

9：00—10：10教师按路线带领幼儿健行，提醒幼儿注意安全，关注幼儿的行走姿势，到终点演艺广场组织幼儿进行相关的主题活动。

10：10—10：30原路返回。

八、工作人员安排

组织：各班级老师。

协助：各班的家长义工。

安全：保安。

意外防范：保健医生。

九、注意问题

1. 各班人员外出前后都要清点人数。

2. 确保安全过马路，各班统一出行与回程，要在安保人员的维持下有序并迅速通过斑马线。

3. 出现问题要及时上报、处理。

范例3 大班级"亲亲北江""健行日"活动方案

根据大班年龄特点和三大主题教学内容开展"亲亲北江"为主题的"绿色健行"活动。让幼儿通过观察北江河畔人文景色，感受北江的疍家文化，增强热爱自然、热爱家乡的情感。引导幼儿以正确姿势进行快速健行，促进幼儿身体发展。

一、活动目标

1. 引导幼儿用正确的行走姿势持续快步行走2.1千米。

2. 引导幼儿观察北江的独特风景，提高幼儿的感性经验和知识体系。

3. 教育幼儿外出要跟着老师和同伴，不能擅自离开集体，增强幼儿安全意识。

4. 感受北江的疍家文化，激发幼儿爱自然、爱家乡的情感。

二、活动形式

集体步行和主题学习。

三、活动地点

众乐广场（老树咖啡对面）。

四、活动路线

幼儿园出发—幼儿园停车场—静福广场北侧—路口斑马线—斜坡—演艺广场—曲艺广场—众乐广场（终点，2.1千米）—开展主题活动—原路返回幼儿园。

五、参加人员

大班级全体教师和幼儿，每班家长义工2名。

六、活动准备

1. 活动前向家长介绍活动安排，出发前做好安全教育。

2. 幼儿穿运动鞋。

3. 保育老师带适量的纸巾、外伤药物。

4. 提前和家长义工沟通。

5. 各班老师结合主题课程思考观察的内容，做好观察和记录准备。

七、活动流程

8：50—9：00班级进行外出安全讨论，重点讨论安全行走和主题观察问题，开展安全行为约定活动，做好准备工作（上厕所、检查衣物）。

9：00—10：10教师按路线带领幼儿健行，提醒幼儿注意安全，关注幼儿的行走姿势，到终点众乐广场组织幼儿进行相关的主题活动。

（1）大一班、大五班、大六班组织幼儿派发节约用水和有用的水的宣传小册子。

（2）大四班组织幼儿观察水的特性，向路人了解水的用途。

（3）大二班、大三班、大七班观察北江环境及江边垂钓者钓鱼，了解罾家的生活环境。

八、工作人员安排

组织：各班级老师。

协助：各班的家长义工。

安全：保安。

意外防范：保健医生。

九、注意问题

1. 各班人员外出前后都要清点人数。

2. 确保安全过马路，各班统一出行与回程，要在安保人员的维持下有序并迅速通过斑马线。

3. 出现问题要及时上报、处理。

范例4　清远市实验幼儿园月末"绿色健行"活动安全应急预案

为预防月末"绿色健行"活动安全事故的发生，确保师幼的人身安全和活动的顺利进行，结合本园实际，特制订绿色健行活动安全应急预案。

一、工作原则

预防为主，统一指挥，分工负责，安全有序。

二、组织管理

为预防幼儿健行活动中安全事故的发生，领导协调各级处理事件，幼儿园成立健行活动安全应急工作领导小组，指挥和组织我园在健行活动中突发安全事故的应急处理工作，其主要职责如下：

成员	人员	工作安排	工作职责
组长	园长	总指挥	负责健行活动安全工作的组织和领导，明确分工和职责，落实有关人员的安全责任；突发事件发生后，应在第一时间启动应急预案，指挥、处置应急工作；将相关情况上报有关部门；保护好现场，配合调查，积极开展应对处置工作
副组长	保教副园长	保教人员调配	做好健行活动的统筹工作，落实安全教育和具体安全工作，稳定活动秩序。活动前对教师进行安全教育；活动过程中发生意外，迅速组织力量进行处理或疏散，及时送幼儿回园或到安全地带，避免继发性事故发生
	后勤副园长	行政后勤人员调配	活动前勘察活动场地，对场地进行安全检查，及时消除安全隐患；制定应急预案，布置行政后勤人员的安保和应急工作，责任落实到人；稳定活动秩序，活动过程中发生意外，迅速组织力量进行处理或疏散，及时送幼儿回园或到安全地带，避免继发性事故发生
组员	级长	教师调配	负责本级安全教育和安全工作，做好整个活动的安排，活动前对教师进行纪律和安全教育；熟悉场地疏散路线，活动过程中发生意外，应立即报告带队领导，按照发生事故的情况迅速进行处理或有序地组织幼儿撤离现场
	安保人员	联络员	发生意外情况通知各班老师及组长，协助各班组织幼儿及家长安全撤离
	后勤主任保健医生	救护	有突发疾病、意外伤害时，检查幼儿健康情况，如有幼儿受伤及时救助视轻重作处理或送医院诊疗
	各班教师	班级安全工作调配	活动前对幼儿进行纪律和安全教育；熟悉场地疏散路线，检查每个幼儿的安全状况；活动期间不得离开本班幼儿，随时掌握本班幼儿情况（如人数、身体状况等）；活动过程中发生意外，应保护好幼儿，并迅速处理或有序地组织幼儿撤离现场，避免拥挤和踩踏事件发生，清查本班幼儿撤离情况
	信息管理员	拍摄和资料收集	认真收集事故信息，做好相应记录以及现场的保护、证据的保存工作，及时提供各种相关信息和资料

三、应对措施

（一）活动前安全工作

1. 活动前，幼儿园派专人到健行活动的场地和路线，实地查看是否存在安全隐患。

2. 加强对教师的责任意识教育，要求教师关注健行活动的全过程，注意活动中的站位，尤其是穿越马路时，教师要有防范措施，要拉好警示绳，确保安全后方能通过。

3. 活动前对幼儿进行"健行日"活动专项安全教育，户外活动安全教育、交通安全教育、环保教育等。

4. 为应对外出期间的突发事故，每班邀请两名家长做义工，协助班级教师管理幼儿。

（二）安全常规措施

1. 幼儿穿着园服，统一着装，活动前检查幼儿穿戴，便于认领、识别和排除不安全因素。

2. 所有教师、工作人员、家长义工手机必须处于开机状态。

3. 教师要经常清点幼儿人数（包括在出发前、到达目的地、在整队返回时和回到幼儿园后），在出发前制订活动人员通讯录，确保幼儿的安全。

4. 在组织活动时，要求幼儿一切活动都在教师的视野之中，不要单独行动，教师在组织时要有大局意识，责任意识。

（三）幼儿突发疾病、意外伤害处理

1. 班级教师应立即通知带队园长或级长。

2. 视轻重由医护人员作处理或送医院诊疗。

（四）幼儿走失处理

1. 教师必须常清点幼儿人数。

2. 如发现幼儿走失，切不可大意、拖延，应立即组织寻找。

3. 从幼儿最后接触的同伴入手，了解最后行踪。

4. 联络员立即通知带队园长或级长，教师关注寻找。

（五）交通事故处理

1. 联络员迅速报告园长或级长事故情况。

2. 带队领导指挥教师及其他幼儿撤离至安全地点，安保人员保护好现场。

3. 教师稳定幼儿情绪，医生询问、检查幼儿受伤情况，如严重受伤立即拨打120，立即组织抢救，受轻伤幼儿送医院检查、诊治。

（六）滋事事故处理

1. 随队安保人员必须佩带警棍、胡椒喷雾剂和口哨等安全器械。

2. 发生滋事情况立即报告园领导，带队领导拨打110报警。

3. 安保人员应立即上前保护好幼儿，制止或控制滋事人员，教师立即组织幼儿撤离至安全地点。

四、总结报告

事故发生后，幼儿园各个岗位要严肃认真地查找工作中存在的不足和漏洞，进行总结和完善，加强管理，杜绝类似事件的再次发生，同时向上级部门做出书面报告。

【活动实录】

（一）级组月末健行活动

草长莺飞二月天，拂堤杨柳醉春烟。在这春暖花开、万物复苏的日子里，清远市实验幼儿园又迎来了绿色健行活动。绿色健行活动分为大班、中班、小班各年龄级进行，不同的年龄级有不同的健行主题。本次健行活动的路线主要围绕风景如画的北江河畔进行，沐浴着明媚的阳光，孩子们神采奕奕地出发了！

漫步于风景如画的北江河畔，孩子们感受着春的气息。

孩子们开怀的笑声随着春风荡漾，萦绕耳畔。

1. 小班

春风送暖，百花齐放，正是户外健行好时节！小班级结合本月"你好，小鸟""虫虫总动员""鱼儿游游"三个小组的主题，开展以"亲亲大自然"为主题的绿色健行日外出活动，让幼儿通过观察与大自然接触，感受人与自然和谐的重要性，萌发热爱周围环境、热爱家乡的情感。嗅闻淡雅的花香，倾听清脆的鸟鸣，观察有趣的昆虫，观看专注的垂钓，小班幼儿感受着大自然的魅力，收获满满！

2. 中班

中班级结合"我与蔬果做朋友""花园的秘密""有生命的树"三个主题内容，以"静听花开踏诗行"为主题，让幼儿从观察、探索中感受大自然的各种植物，增进对植物的了解。

踏着早春的足迹，孩子们到大自然寻觅那一份春的遐想，收获春的希望。瞧！小草偷偷地从土里钻出来，嫩嫩的，绿绿的。而那醉人的花海，红的像火，粉的像霞，白的像雪，一缕缕醉人的馨香扑鼻而来。好一派绿意盎然、百花争妍的景象！中班幼儿沉醉在美丽的季节里，在踏青之路上流连忘返……

3. 大班

为了开阔幼儿视野，增长知识，亲近北江，感受北江文化，大班级结合"水的资源与利用""健康从水开始""北江文化"三个小组的主题，开展"亲亲北江"为主题的绿色健行日外出活动。让幼儿通过观察北江河畔，感受北江的疍家文化，萌发热爱周围环境、热爱家乡的情感。

"老师，你说这艘船是疍家艇吗？""老师，那浮在水面上橙色的一排是什么东西呀？它们有什么作用呢？""叔叔，请问您是怎么钓鱼的？"一路上，大班幼儿犹如一群欢乐的小鸟，在迈着矫健步伐健行的同时观察着沿途风光，丰富着知识经验。

绿色健行活动是我园绿色课程中的一个常规学习活动，将健康的锻炼方式渗透到教育教学活动中，健行中一张张挂满汗水的笑脸、一个个坚毅的小身影、一声声纯真的欢笑，都是孩子对绿色健行活动喜爱的见证。孩子对健行活动从感兴趣到喜爱，到热爱，绿色健行带给他们的不仅是一次次克服困难、坚持到底的品质，更是一种热爱运动，将绿色环保践行到底的生命教育！

（二）大型健行活动

1."六一"健行活动

在这鸟语花香、生机盎然的季节里，我们迎来了"六一"国陕西省儿童节。为了让孩子们度过一个绿色、自然、健康、快乐的儿童节，我园整合社区资源，与朝南集团携手合作，以"绿色生活，健康你我"为主题，邀请家长与幼儿通过"千人绘画""千人绿色健行"的形式欢庆"六一"国际儿童节，引领绿色时尚，倡导低碳生活，营造环保氛围。

全园的孩子、家长们进行"千人绘画"活动。各年龄段围绕不同的小主题开展，小班以"我爱小树苗、爱护北江河、田野风光"为主题，中班以"绿色出行、江滨公园、和谐一家亲"为主题，大班以"环保小卫士、清远美景、和谐一家亲、未来的清远"为主题。在现场，家长与孩子们展开无限的创意，默契十足，大胆构图、调色、绘画、拓印，有的孩子还当起了老师教家长画画……瞧！他们多认真专注，完全沉浸在其乐融融的亲子时光之中。他们绘画

出了一幅幅充满童趣、色彩斑斓的环保美术作品，展现了天真烂漫的童心。

孩子们参与"千人绘画"活动，他们用小手描绘出家乡的秀美风光、人文环境，一幅幅画作新鲜出炉，家长和小朋友们纷纷拍照留影，记录下了难忘的亲子活动。"千人绘画"活动提高了孩子热爱家乡、保护环境的意识，促进他们用行动来美化环境，为构建文明清远、创建环境保护模范城市而贡献自己的一份力量。

接着，孩子和家长一起参与"千人绿色健行"活动，环绕风景如画的体育公园健步走。看！孩子们犹如一群欢乐的小鸟，在迈着矫健步伐健行的同时观察着沿途的美景，丰富着知识经验。同时，也享受着与爸爸妈妈、小伙伴在一起的温馨气氛与欢乐时光，增进亲子关系。

通过开展"六一"国际儿童节大型绿色宣传活动，倡导绿色生活理念，深化绿色教育内涵，充分体现了我园"在环境中浸润绿色教育，在教育中践行绿色生活"的教育观，培养幼儿热爱运动、安全出行、低碳环保的行为意识，让孩子与家长们共同度过了一个幸福、快乐、有意义的"六一"国际儿童节，希望这些美好的记忆伴随着孩子们快乐健康地成长！

2. "新年"健行活动

为倡导绿色生活理念，深化绿色教育内涵，宣传健康行走理念和方式，我园在每年元旦之际举行"新年健行义卖活动"，全体幼儿、家长与教职工通过"绿色健行"和"爱心义卖"的形式共同迎接新年，响应习近平总书记提出的绿色生态发展理念，引领绿色时尚，营造关爱氛围。

尽管寒风呼啸，但丝毫没有影响大家参与活动的热情！运动场上热闹非凡，到处彩旗飘扬，人潮涌动，小朋友们的脸上更是笑逐颜开，热情高涨！只见每个人的手腕上都系着一条条轻盈飘动的绿丝带，寓意健康、环保、希望，对健康的人生与生命的活力充满无限希冀。

上午9：30，活动正式拉开帷幕！刘婉芬园长发表了热情洋溢的致辞。她首先表扬了在场的大小朋友勇敢、不畏严寒、挑战自我的精神，并介绍本次的新年健行义卖活动以环保、健康、公益为出发点，不仅丰富我园的绿色教育内涵，而且为家乡清远带来更多的活力，期待大家一起用双脚丈量北江之美，共同迈向充满希望的新一年！

激情四射的舞蹈《活力啦啦操》，全场舞动，充分展现了我园教师积极向上、青春活力的精神风貌。

接下来是"绿色健行"活动。各班的老师或家长或孩子手举彩色的班旗，带领幼儿与家长从幼儿园出发，围绕风景如画的北江河畔健行。中班、大班幼儿健行目的地在众乐广场（全程2.1千米），小班幼儿目的地在演艺广场（全程约1.4千米）。瞧！孩子与家长们精神抖擞地出发了——小手牵着大手，展现了健康活泼、朝气蓬勃的精神风貌。

健行活动是我园实施绿色课程以来每月都坚持开展的常态性教育活动，是融健康理念、健康运动、健康知识于一体的一种主题性、体验式学习，旨在倡导绿色生活理念和健康理念，让幼儿从小树立环境意识，锻炼身体，做一个绿色生活的践行者，并带动家庭成员身体力行，拥抱健康。看！孩子们犹如一群欢乐的小鸟，在迈着矫健步伐健行的同时观察着沿途的美景，丰富着知识经验。同时，也享受着与爸爸妈妈、小伙伴在一起的温馨气氛与欢乐时光。

"你们累不累呀？""不累，我们要坚持到底！"孩子们在行走过程中不断挑战自己，培养了坚持不懈、勇往直前的良好品质。最后，他们到达终点领取精致的活动纪念奖牌，脸上都充满灿烂无比的笑容。

我园小班级把爱心义卖展台设置在丁香码头小运动场，而中班、大班级则把爱心义卖展台设置在众乐广场。义卖品有家长和孩子们捐赠的学习用品、玩具、图书、装饰品及废旧材料制作品等，有老师们利用休息时间手工制作的环保义卖品，还有中班、大班小朋友创编的"然然"和"乐乐"的故事书和光盘……"积小善，成大爱"，通过爱心义卖，让幼儿从小树立关爱他人的意识，养成乐于助人、奉献爱心的良好品质，培养幼儿的社会责任感和与人交往能力。

义卖款直接投入募捐箱内，由家委会成员监管。最后由家委会成员将义卖的善款集中进行清点，共筹得爱心款项8791.60元，现场捐赠给慧灵智障人士社区服务中心8000元，余下善款将会用于其他公益捐助活动。

本次活动得到了家长们的大力支持和一致好评，纷纷表示这是一次有意义的体验活动。现场采访的家长们说："清远市实验幼儿园的健行义卖活动是非常有意义与有价值的，引导小朋友和家长一起参与绿色环保活动，我觉得是非常棒的点子，同时希望更多的家庭参与到活动中来……""我觉得这次活动让我们知道了绿色健行、奉献爱心的意义，传递了社会正能量……"

今天的"新年健行，传递真情"活动，在冬日里为清远这座美丽的城市增添了温润的色彩，不仅深化了我园的绿色教育内涵，充分体现了"在环境中浸润绿色教育，在教育中践行绿色生活"的教育观，同时也让孩子与家长们以特别的方式共同迎接欢乐、难忘、有意义的新年，希望这些美好的记忆伴随着孩子们快乐健康地成长！

植树节

【活动来源】

植树节是按照法律规定宣传保护树木，并组织动员群众积极参加以植树造林为活动内容的节日。按照时间长短可分为植树日、植树周和植树月，共称为国际植树节。提倡通过这种活动，激发人们爱林造林的热情、意识到环保的重要性。1979年，第五届全国人大常委会第六次会议决定每年3月12日为我国的植树节。

【活动资源】

（一）植树节活动倡议书

阳春布德泽，万物生光辉。亲爱的孩子们，今天是3月12日植树节。在特别的时期，植树节无法外出，在家种植小植物也是很有意义哦！来，一起动手吧，利用家中现有的种子——绿豆、红豆、花生仁、大蒜瓣……清洗、浸种、催芽……亲手打造绿色小盆栽，给小植物做个爱心卡，伴着春天的柔风，用爱心和细心去浇灌，绿色会在三月的阳光里生机盎然。现在，我们倡议家长和孩子通过照片、视频、宣传卡、宣传画等方式，共同记录自己的环保行为。期待你们精彩的作品哦！

草长莺飞三月天，绿满凤城春意浓。今天，我们种下一份绿色的向往，它一定会在我们的心里生根、发芽、开花！

（二）宣传标语

1. 植树节，人人来参与，添一片绿色，建美丽家园！告别城市的喧嚣，投入绿色的怀抱。

2.植树造林美环境，绿化山川靓城市。保持水土不流失，净化空气添锦绣。鸟儿有巢喜鹊唱，绿树成荫好乘凉。大家动手都植树，生活环境美如画。

3.植树节，让我们播下绿色的希望，净化祖国的环境！

4.植树造林山山绿，种草育花处处春。

5.植树节来啦，大家一起种下小树，那么我们就能像树那样站得直直的，立得高高的，茂密地盛开，不被风吹雨打，还能收获满满的果实。植树节，一起行动起来吧！

【活动实录】

（一）植树项目活动

第一，调查大家想种的树木。

第二，寻找适合的位置。

第三，提交申请。

第四，团讨如何种树。

第五，花匠讲解种植步骤。

第六，老师指导种树。

第七，悬挂申请书。

（二）亲子植树活动

春天带着绿色的气息向我们走来，春风吹绿了枝头上的嫩芽，吹绿了地上的小草，也吹动了孩子们的热情。亲子齐参与种植小树苗，带着孩子了解了植树节的由来、意义以及爱护小树苗的常识，并深刻地认识到环保的重要性，化身"绿色小使者"，一起亲近自然，了解自然，爱护自然。

世界水日

【活动来源】

为了从小培养幼儿珍惜水资源的意识，养成节水习惯，提高幼儿保护环境的能力，结合我园"环境育人，育自然人"的办园理念，以"世界水日"为契机，开展"节约用水，从我做起"的主题活动，通过活动让幼儿了解淡水的珍贵，懂得节约用水从我做起，愿意向周围的人宣传节水的重要性。

【活动资源】

（一）活动承诺书

清远市实验幼儿园节约用水承诺书

亲爱的老师、小朋友：

你们好！水，是一切生命的源泉。有了它，才构建了这个蔚蓝的星球；有了它，整个世界有了生命的气息；有了它我们才有了秀美的山川，清澈的溪水，湛蓝的海洋……我才有了一切。然而，你可曾意识到水资源短缺问题已在日益逼近我们的生活。据科学界调查报告指出：占世界人口40%的80个国家正面临着水危机，发展中国家约有10亿人喝不到清洁的水，17亿人没有良好的卫生设施。每年约有2500万人死于饮用不清洁的水。水危机已严重制约了人类的可持续发展。水资源短缺成了当今世界面临的重大课题。这一切深刻地告诉我们资源是有限的、不可生的，而人类的繁衍却将代代相传。保护我们人类有限的水资源，珍惜水，节约水已刻不容缓，为此我们向全校和全区的朋友大力倡议：

第一，养成节约素质，时刻拥有责任感和危机感，不断提高自身的节约意识和环境意识，增强节约用水、保护水资源的自觉性，做文明、科学的现代人。

第二，树立对水资源的珍惜意识和节约保护意识，保护和节约每一滴水，关爱生命之源，造福未来。

第三，爱一滴水就是爱全世界！

第四，抵制一切破坏水资源、浪费水资源和污染环境的行为，对一切"大手大脚"的现象和行为大胆地说"不"。

朋友们，保护水资源就是保护我们的生命，善待水资源就是善待我们自己！让我们立即行动起来，从我做起，从现在做起，从身边小事做起，每一思，每一想，每一举，每一动，一切为了我们的未来！看了这份倡议，请写下你的承诺！

承诺人：

时间：　　年　月　日

（二）节约用水小妙招

（1）随手关水龙头。

（2）水循环利用，淘米水冲厕所。

（3）用洗菜水浇花。

（4）用洗衣服的水冲厕所。

（5）车主洗车最好是自己洗，用一桶水洗一辆车。

（6）洗完手要扭紧水龙头，节约每一滴水。

（7）不要乱玩水，要节约。

（8）不排放污染液体。

（9）发现水龙头有漏水现象，应立刻让维修人员更换，避免水源的白白流失。

（10）控制水龙头开关大小，并及时关水。

（三）宣传标语

（1）节约每滴水，造福全人类。珍惜每滴清水，拥有美好明天。

（2）科学用水，自觉用水，做节水小公民。

（3）节约用水，不要让水龙头细水长流；节约用水，不要让水龙头弟弟泪流不止；节约用水，让我们的明天更加美好。

（4）"请节约用水"，节约我们身边的每一滴水。请记住，总有一天，你节约的一滴水可以拯救全世界！

（5）水是蓝色的梦想，是生命的源泉，请节约用水，共同保护地球。

（6）水是生命的摇篮，也是生命的甘露，更是美的源泉。我们要节约用水，珍惜一点一滴。

【活动实录】

水是生命之源，是我们生存的基础，为了让幼儿关注水的作用及与人们生活的密切关系，感受水对人类的重要性和水污染的严重性，增强保护水资源的责任感、使命感，养成珍惜每一滴水的好习惯，在"世界水日"来临之际，清远市实验幼儿园开展了"节约用水，从我做起"系列主题教育活动。

老师们利用图片、视频资料，向孩子们介绍了"世界水日"的由来和地球上用水紧缺的现状，让幼儿了解我国很多地方水资源的缺乏，了解淡水的珍贵，学习节约用水的方法，了解水与人类生活的密切关系，萌发了保护水资源、爱惜水资源的意识，养成"节约用水，从我做起"的好习惯。

活动中，幼儿还向同伴们介绍日常生活中节水的好方法，例如，洗手时水不要开得太大；用完水后关紧水龙头；淘米、洗菜的水可以用来浇花，既营养又节约；在家洗衣服的水可以冲洗马桶，刷牙时请关闭水龙头；等等。

通过国旗下讲话向全体师幼发出"水是生命之源，我们要节水用水，保护水资源"的倡议，将节约用水的观念深入大家的心中。

幼儿还通过"涂一涂""画一画"的方式制作节约用水宣传画。运用手中的画笔与彩纸，自主设计各种各样的节水标识。他们不仅把节水标识贴在幼儿园，还贴在家里经常用水的地方，用实际行动带动身边的人参与到节水护水的行动中。

　　为了地球家园的生生不息，让更多人加入珍惜水资源的队伍中，我园的小志愿者们还前往江滨公园向市民发放"坚持节水优先，强化水资源管理"主题宣传画，普及节约用水知识。随着音乐响起，优美的歌声吸引路人纷纷驻足，大家挥动宣传彩旗，齐声合唱歌曲《我是一滴水》，抒发守护祖国青山绿水的拳拳深情，展现人与自然和谐共生的美好画面。

　　世界水日主题活动旨在培养幼儿环境意识，珍惜水、节约水、保护水资源的环保理念，并通过家园共育"小手拉大手"的方式影响和带动身边的人，让节约用水成为人们的生活习惯。

地球熄灯一小时

【活动来源】

"地球一小时"也称"关灯一小时"，是世界自然基金会（WWF）应对全球气候变化向全球发出的一项倡议：呼吁个人、社区、企业和政府在每年三月最后一个星期六20：30—21：30熄灯一小时，以此激发人们对保护地球的责任感，以及对气候变化等环境问题的思考，表明对全球共同抵御气候变暖行动的支持。活动首次于2007年3月31日晚间20：30在澳大利亚悉尼市展开，随后以令人惊讶的速度很快席卷了全球。

【活动资源】

（一）活动倡议书

"地球一小时"活动倡议书（一）

"地球熄灯一小时"活动是世界自然基金会全球所有办公室将共享同一个主题——与自然共生（Connect to Earth），关注日益严峻的生物多样性下降问题。

具体来说，人类呼吸的空气，喝的水，吃的食物都依赖大自然。大自然是维系人类生产和生活的基础，比如，海洋为人类提供了食物；森林清洁了空气，调节当地气候并为河流保留水分；山脉和冰川是河流的主要水源。而我们的日常生活所需，从食物、咖啡、棉花到一些药品，都依赖生物多样性丰富的自然界。

众所周知，大量使用家用电器会增加二氧化碳的排放，而由于二氧化碳过量排放所导致的气候变化（如温室效应）等一系列的问题，现在已经极大地威胁到人类的生存发展。想要遏制这种恶性发展，就需要改变全人类对于二氧化碳排放的态度。"熄灭电灯一小时"——关上灯，您就是"绿色之星"！这项活动不仅仅是熄灯一小时，更是让我们从我做起、从身边的小事做起，为我们赖以生存的地球节约资源，过上绿色生活。

在这一小时里，请您断开一切不必要的电源；在这一小时里，请您和您的亲朋好友亲近自然感受真情；在这一小时里，请您用心和地球交流；在这一小时外，请您继续用您的行动来呵护我们的家！

"地球一小时"活动倡议书（二）

亲爱的小朋友、大朋友们：

2020年，地球一小时主题为"以生命之名，为地球发声"，并从三个方面提出了具体的行动措施，号召全球为保护生物多样性采取行动：

1. 杜绝野味陋习，与自然万物和谐共处，让生活更美。

2. 改变消费习惯，减少一次性塑料使用，让自然更美。

3. 减少食物浪费，选择可持续生产食材，让身心更美。

大自然为人类提供了赖以生存的食物、空气和水，我们的衣食住行都与大自然的"生物多样性"密切相关。

在此，我们向各位家长、孩子发出倡议：3月28日晚20：30—21：30请您关掉不必要的灯和其他耗电设备，放下手机，选择一种环保的方式与孩子共度一段美好的亲子时光。

（二）"地球一小时"我们可以做什么

1. 听听节能故事

家长可以给孩子讲讲关于"地球一小时"的故事，用浅显易懂的方式理解"节约能源"的重要性，培养幼儿环保意识，争做节能小能手。

2. 玩玩熄灯游戏

家长可以带孩子玩玩黑夜捉迷藏等游戏。不开灯的夜晚，在享受亲子互动乐趣的同时，让地球变得更加绿色，心情也变得更加愉悦。

3. 享受璀璨星空

当晚，我们可以去顶楼看看因为灯光变暗而更加璀璨的星空，任思绪海阔天空；可以痛痛快快地去锻炼，用汗水宣告我们的激情；可以和家人在社区里漫步，享受亲情；还可以给亲友打电话，让因黑夜而更加明亮的爱传递……

【活动实录】

改变比思考更有效，行动比口号更重要！一个人熄灯一小时，或许微不足道。但如果每个人都做到熄灯一小时，就如同涓涓溪流汇入大海，就会减少大量的碳排放，就能让我们的星空更加灿烂，让清远的明天更加美好！让我们与世界一起熄灯一小时，用一小时短暂的黑暗换来明天更多的绿色和希望！在"地球一小时"活动中，看看市实验幼儿园宝贝和爸爸妈妈们都在做什么吧！

"地球一小时"就是"人类一小时"，从身边每一件环保小事做起，大手牵小手，用实际行动影响身边的每一个人，用心呵护我们的地球。让我们一起用熄灯的小小举动，为世界节能环保贡献自己的力量！

世界地球日

【活动来源】

世界地球日（World Earth Day），即每年4月22日，是一项世界性的环境保护活动。活动旨在唤起人类爱护地球、保护家园的意识，促进资源开发与环境保护的协调发展，进而改善地球的整体环境。为培养幼儿的环保意识，增强幼儿爱护地球的责任感，结合"在环境中浸润绿色教育，在教育中践行绿色生活"的教育观，我园倡议大家携起手来，从每一天做起，从每一件小事做起，共同呵护我们人类共同的家园！

【活动资源】

宣传标语。

【活动实录】

地球是我们唯一的家园，保护资源环境，善待地球是人类的共同责任。世界地球日每年都有一个宣传主题，幼儿园结合宣传主题，在"世界地球日"来临之际，开展世界地球日系列活动，积极践行绿色生活理念，帮助幼儿从小树立环保意识，养成爱护环境、珍爱地球的良好习惯。

活动开始前，教师播放保护地球的宣传片，让幼儿知道我们每一个人都出生在这颗蓝色的星球上，她就像母亲一样带给我们山川、海洋、森林、湖泊。地球现在面临着气候变暖、臭氧层被破坏、生物多样性减少、酸雨蔓延、森林锐减、土地荒漠化、水资源与耕地资源出现短缺、水环境污染严重、大气污染肆虐、固体废弃物成灾等巨大问题，已经涉及人类能否在地球上继续生存的问题。再让幼儿说说看完短片的感受，并讨论地球面临的问题以及保护地球的方法。"不浪费水和电""爱护花草树木、不乱扔垃圾""积极参加植树活动，种养绿色植物、拒绝吃国家保护动物、外出要乘坐公共交通工具、拼车、走路……"小朋友们踊跃发言，纷纷建言献策。

随后，幼儿分成三个小组，分别用"倡议书、碟子画、水粉画"的美术活动形式表达自己对环境、对自然、对家园的体验与感受。

（一）变废为宝

幼儿通过用旧纸皮粘贴在黑色卡纸上围成地球的形状，进行拓印、自由装饰，感受地球的美。

变废为宝，绿色环保，每一份作品都是惊喜，每一种表达都是心意。

（二）清理垃圾活动

教师带领幼儿们来到周边清理垃圾，保持环境卫生。

在教师们的带动下，幼儿纷纷以实际行动守护碧水蓝天：扫除掉落的树叶、捡拾沙滩的垃圾、清理山上的水瓶……个个争当环保小卫士。

（三）爱护动物活动

幼儿与动物有着天然之缘，他们喜欢与动物为伍，常与昆虫对话。他们聆听动物故事，怀抱毛茸茸的动物玩具，翻看着各种动物卡片和图书……幼儿对动物世界充满着兴趣和好奇，动物是幼儿成长过程中的亲密伙伴。关爱动物，善待生命，我们在行动！

（四）光盘行动

"锄禾日当午，汗滴禾下土，谁知盘中餐，粒粒皆辛苦。"节约是中华民族一种传统美德，幼儿以实际行动积极践行节约理念，努力做到不挑食、不剩饭，珍惜每一粒粮食，争做"光盘小达人"。

（五）制作酵素活动

孩子们将收集到的果皮变废为宝，一起制作环保酵素。活动室里摆放着制作酵素的原材料：水、红糖和各种各样的果皮。接着，教师们细心地介绍了酵素的作用以及酵素制作的过程。在制作的过程中，孩子们分工合作，纷纷把准备好的材料按照介绍的方法进行制作，大家忙得不亦乐乎！

（六）土壤里的秘密

孩子们还通过埋垃圾、挖垃圾，观察和记录土壤里塑料的变化，从中发现塑料的危害性，并对全园及家长们宣传要少用塑料袋。

（七）环保时装秀

旧衣服、环保袋、废旧纸、塑料袋，经家长与孩子的奇思妙想和巧手打造就变成了一件件童趣盎然的创意服装。旧物与设计共舞，创意与环保同行。

（八）环保宣传活动

地球是人类赖以生存的家园，爱护地球是我们义不容辞的义务与责任。因此，幼儿通过手中的彩笔设计了"珍爱地球，你我同行"的宣传画，倡导人与自然和谐共生，呼吁更多的人加入节约资源、保护地球的行列中来。